RÉPUBLIQUE FRANÇAISE
Liberté — Égalité — Fraternité

DEPARTEMENT DE LA SEINE

DIRECTION DES AFFAIRES DÉPARTEMENTALES

ÉTAT DES COMMUNES

A LA FIN DU XIXe SIÈCLE

publié sous les auspices du Conseil Général

VILLEMOMBLE

NOTICE HISTORIQUE

ET

RENSEIGNEMENTS ADMINISTRATIFS

MONTÉVRAIN
IMPRIMERIE TYPOGRAPHIQUE DE L'ÉCOLE D'ALEMBERT
1898

VILLEMOMBLE

MONOGRAPHIES

En vente :

ÉPINAY	LE BOURGET
PIERREFITTE	FRESNES
STAINS	RUNGIS
VILLETANEUSE	THIAIS
ORLY	DRANCY
DUGNY	LE PLESSIS-PIQUET
ANTONY	VILLEMOMBLE

Sous presse :

BONDY	CHOISY-LE-ROI

En préparation :

ROMAINVILLE	NOISY-LE-SEC

DÉPARTEMENT DE LA SEINE

DIRECTION DES AFFAIRES DÉPARTEMENTALES

ÉTAT DES COMMUNES

A LA FIN DU XIXᵉ SIÈCLE

publié sous les auspices du Conseil Général

VILLEMOMBLE

NOTICE HISTORIQUE

ET

RENSEIGNEMENTS ADMINISTRATIFS

MONTÉVRAIN
IMPRIMERIE TYPOGRAPHIQUE DE L'ÉCOLE D'ALEMBERT

1898

NOTICE HISTORIQUE

VILLEMOMBLE[1]

Anciennement, communauté de la Généralité et de l'Élection de Paris, subdélégation de Saint-Denis, paroisse du doyenné de Chelles.

De 1787 à 1790, municipalité du département de Saint-Germain, arrondissement de Saint-Denis.

De 1790 à l'an IX, commune du district de Saint-Denis (supprimé en l'an III) et du canton de Montreuil.

De l'an IX à 1893, commune de l'arrondissement de Sceaux et du canton de Vincennes.

Actuellement, en vertu de la loi du 12 avril 1893, commune de l'arrondissement de Saint-Denis et du canton de Noisy-le-Sec.

---

1. Il n'existe pas en France d'autres localités portant le nom de Ville-momble.

I. — FAITS HISTORIQUES

Parmi les communes de la Seine, les unes, — c'est le plus petit nombre, — ont conservé leur physionomie rurale d'autrefois, un vaste territoire en labourages ou maraîchages entourant une modeste agglomération de maisons de village. La plupart des autres, grâce au voisinage de la grande ville, se sont profondément modifiées depuis un siècle ; elles offrent maintenant, suivant les régions, l'aspect de centres industriels ou de villégiature, chaque année plus importants, plus envahisseurs, au profit de la propriété bâtie, au détriment du sol jadis en culture.

Villemomble n'appartient à aucune de ces catégories, — ou plutôt, depuis quelques années, il a cessé d'appartenir à la première. Par suite de circonstances que nous exposerons avec détails, le vieux village d'antan, formé d'une seule rue aux maisons mal bâties et insalubres, est récemment devenu l'une des plus coquettes cités de la banlieue orientale de Paris. Elle s'est créée dans un parc, lui-même démembré jadis de la forêt de Bondy ; les Parisiens ont vite compris le charme d'un pareil site et y ont construit d'innombrables villas. Cet élément nouveau de population a donc absorbé l'élément ancien, purement agricole ; seul, l'Ouest du territoire, vers Rosny et Bondy, avec le versant Nord du plateau d'Avron, appartient encore à la culture, et l'ensemble, grâce à ces contrastes, est d'un effet fort agréable.

L'origine du lieu est expliquée par son nom même. Villemomble, c'est *villa Mummoli*, le domaine de Mummole, nom d'homme usité à l'époque carolingienne. Le savant abbé Lebeuf, qui écrivait au XVIIIe siècle, le seul aussi qui jusqu'ici ait traité de Villemomble, a retrouvé la mention d'un comte Mummole, figurant comme témoin dans un testament daté de 700 environ, et il affirme que c'est ce Mummole qui possédait la terre dont nous nous occupons. En dépit des probabilités, une telle affirmation est visiblement téméraire ; nous ne la reprendrons pas pour notre compte et nous nous bornerons à dire que Villemomble porte le nom d'un personnage appelé Mummole, — comte ou simple laboureur. Les autres formes latines que fournissent des textes du moyen âge, *villa Munda*, *villa Mobilis*, sont les traductions fautives, faites après coup, du nom déjà francisé de Villemomble ; il ne faut pas s'y arrêter.

On n'est pas renseigné d'une façon plus précise sur les origines et la date de la fondation de l'église. C'est encore par hypothèse que l'abbé Lebeuf l'attribue à un dépôt de reliques de saint Genès, martyr d'Arles, fait par le prêtre Genès vers 660, lors de la fondation de l'abaye de Chelles. En réalité, on ne sait rien de certain sur cette église, sinon qu'en 1237, le droit de nomination à la cure fut donné à l'abbaye de Livry, par Jean de Beaumont, chambellan du Roi, et que dès lors, jusqu'à la Révolution, l'abbaye fournit, pour la desservir, un prieur-curé désigné par elle.

Au surplus, pour toute la période de l'ancien régime, les documents intéressant Villemomble sont extrèmement rares ; cela tient bien certainement au peu d'importance du village, qui, au commencement du XVIIIᵉ siècle, ne comptait encore que trente feux, c'est-à-dire cent cinquante habitants au plus.

Parmi les seigneurs qui le possédèrent, il faut citer, au milieu du XIVᵉ siècle, Pierre de Laval, évêque de Rennes ; en 1424, un certain Jean Dieuper, partisan du roi d'Angleterre ; après lui, Gaspard Bureau, capitaine du Louvre et maître de l'artillerie du Roi, puis la famille des Chabannes, comtes de Dammartin. En 1507, Florimond Robertet, premier ministre de Louis XII, l'acquit au prix de six mille livres. A la fin du même siècle, la terre était entre les mains de Pierre, baron de Flagheac ; elle passa ensuite aux Le Ragois de Bretonvilliers qui se la transmirent jusqu'à la Révolution.

Le château seigneurial était situé au sommet de la colline que l'on nomme Avron ; il n'a disparu que vers 1850 ; on sait, par les souvenirs des anciens du pays, qu'il était fortifié, flanqué de tourelles dont la base était assise dans des fossés pleins d'eau ; quelques substructions en sont restées, mais, par une singulière anomalie, le territoire qu'il occupait dépend, depuis l'an XI (voir plus bas, p. 19), de la commune de Rosny-sous-Bois. Le musée Carnavalet conserve une petite estampe le représentant ; gravée par Israël Silvestre, elle date de 1650 environ ; sa légende porte : « château d'Avron, appartenant à M. de Bretonvilliers, à 3 lieües de Paris ».

Outre le fief seigneurial dont il vient d'être parlé, Villemomble comptait encore deux seigneuries : celle de la Garenne, vers Paris ; celle de Launay, du côté de Gagny. Les deux noms sont restés ceux de lieux dits, et ce n'est que récemment que le parc de Launay a été démembré et loti.

Nous ne parlons ici que pour mémoire du lieu dit le Raincy,

devenu si prospère aujourd'hui ; ce ne fut, jusqu'au milieu du XVIIe siècle, qu'un simple canton rural dépendant de la paroisse de Villemomble ; il en fut distrait, en 1660, au profit de celle de Bondy, et passa en 1700 à celle de Livry ; un décret du 20 mai 1869 l'érigea en commune du département de Seine-et-Oise, et une loi de l'année 1882 en a fait un chef-lieu de canton de l'arrondissement de Pontoise.

A la fin du XVIIe siècle, un événement apparaît dans les annales de Villemomble : la reconstruction de l'église paroissiale. « Elle était, dit Lebeuf, autrefois plus enfoncée dans le village du côté du levant ;..... ce n'est qu'en 1699 qu'elle a été rebâtie à la main droite dans la même rue, un peu plus vers l'occident. On y voit une inscription qui marque que ce fut Isaac-Louis Ju, architecte (l'auteur dit en note qu'on lui a assuré que ce M. Ju était de Chennevières), qui la rebâtit..... »

L'inscription a été conservée ; il est surprenant que feu le baron de Guilhermy ne l'ait pas connue ; c'est pour nous une raison de plus d'en donner le texte, resté inédit :

A la Gloire de Dieu.

Sieur Isaac Louis Ju, architecte et Me
masson a Paris, a cédé et remis aux prieur
marger et habitans de la paroisse de
Villemonble la somme de 970 L. restante a
payer de celle de 1050 L. du prix de l'adju-
dication qu'il a faite de l'église
de ladite paroisse, montant a 5980 L., laquelle somme
luy a été adjugée par sentence rendue au
Chatelet de Paris, le 17 juin 1700, pour laquelle somme
les prieur, marguillier et habitans de ladite paroisse
se sont obligés de faire dire, tous les ans,
huit messes basses a l'intention et durant
la vie du sieur Ju et damoiselle Marie-Anne-Dumesnil,
son épouse, et après leur décès, pour le
repos de leurs ames, savoir : la Ire le 4 janvier,
la 2e le 6 avril, la 3e le 15 may, les 3 autres
les 9, 22 et 26 juin ; les deux dernières, le 24
octobre et le 4 décembre ; pour laquelle fondation

LESDITS PRIEUR, MARGUILLIER ET HABITANS SE SONT
OBLIGEZ ET LEURS SUCCESSEURS, ET[1] FOURNIR
PAIN, VIN, LUMINAIRES ET TOUTES CHOSES NÉCESSAIRES
POUR FAIRE ANNONCER LESDITES MESSES, LE DIMANCHE
PRÉCÉDENT, LE TOUT A PERPÉTUITÉ, COMME IL EST
PLUS AU LONG EXPLIQUÉ PAR LE CONTRAT QUI
EN A ÉTÉ PASSÉ ENTRE LEDIT SIEUR JU ET LES DITS PRIEUR
MARGUILLIER ET HABITANS, PAR DEVANT GUERIN, TABELLION
AUDIT VILLEMOBLE, LE 19 MARS 1702.

Ce texte est curieux surtout en ce qu'il fait connaître le prix de la construction de l'édifice, qui, quoi qu'en pense Lebeuf, n'était pas modique, car si l'on tient compte de la valeur comparée de l'argent, ces 5.980 livres correspondraient pour nous à 50.000 francs environ.

Deux autres inscriptions peuvent apporter encore quelques lumières sur le passé du village ; la première, recueillie par Lebeuf, a disparu ; elle fait connaître que François Hardy, écuyer, seigneur de Dongé et Écorcé, mort le 23 novembre 1725, a été inhumé dans l'église, où il avait fondé, conjointement avec sa sœur, une école et plusieurs messes. La seconde, reproduite par Guilhermy [2] est encore en place : elle consacre une fondation de messes faite en 1747 par Godefroy de Romance, marquis de Mesmon, et Hyacinthe de Romance, seigneur de Mesmon. Rien n'indique le lien qui rattachait ces personnages à Villemomble.

Voici un document plus curieux, et qui n'avait pas encore été signalé. C'est la déclaration des revenus de la cure, à la date de 1757 : elle comporte, ainsi que l'on va en juger, une sorte de statistique des ressources du bourg, il y a cent cinquante ans :

Le benefice de Villemomble est un prioré-cure de chanoines regulliers de Saint Augustin, ecarté des grandes routtes, à une extrémité de la forêt de Bondy.

S. Genet, martir, et S. Louis en sont les deux patrons. La nomination appartient à M. l'abbé de Livry, la collation à Mgr l'archevêque de Paris.

Le territoire de Villemomble contient aux environs de onze cent arpents riverain et partie dans la forêt de Bondy.

Il y a plus de sept cent cinquante arpens plantés en bois, et les prés et

1. *Sic*, pour à.

2. *Inscriptions de l'ancien diocèse de Paris*, t. III, p. 80.

champs qui ne payent point de dîme, et loin de rapporter au prieur, endommagent par la quantité de gibier une grande quantité des trois cent cinquante arpens restants, sur lesquels il a droit de percevoir la dîme, à raison de six gerbes ou six bottes de foin par cent.

De ces 35o arpens il faut en defalquer cent, qui forment des parcs et jardins clos de murs, qui donnent très peu de produit au prieur. Ce n'est donc que sur 25o arpens qu'il faut exiger la dîme ; en sa qualité de gros décimateur, il la partage encore par moitié avec les seigneurs de Bondy et de Gagni dans les parties qui sont riverains avec Villemomble.

Cette dîme, par sa modicité et la pauvreté des habitans, qui sont en très petit nombre, n'a jamais pu être affermée.

Les frais, pour la levée de tant de petites parties, absorbent le tiers du produit.

Le terrain sablonneux de cette paroisse ne rapporte ordinairement que de petits grains. La dîme, année commune, peut être évaluée à deux ou trois septiers de froment meteil, suivant le cours des années, au prix de huit, dix ou douze livres le septier ; la dîme de seigle, de six à sept septiers, au prix, dans dix années, depuis cinq livres jusqu'à huit. Encore y a-t-il eu des années dans les dix que le septier n'a valu que quatre livres.

La dîme des avoines ne produit que la même quantité de septiers, au prix dans les dix années depuis six livres jusqu'à douze.

Celle de l'orge, année commune, est de trois septiers, valant depuis trois livres juqu'à cinq.

La dîme du foin des prés en lucerne et Bourgogne peut produire, année commune, quatre à cinq cents de foin évalué pour le prix de dix à douze livres le cent de foin, qui par son mélange est toujours moins estimé que le grain.

La dîme du vin a été, pendant dix années, depuis une pièce jusqu'à trois, qui, étant tout vin mêlé et d'un mauvais terroir, n'est estimé que de quinze à dix huit livres ainsi qu'il l'est en cette année 1756.

Le prieur jouit de huit à neuf arpens de terre, dont partie sont en friche par leur mauvaise qualité, et l'autre en valeur, qui peuvent lui produire de soixante à soixante dix livres. La perche du terroir n'est que de dix huit pieds.

Les messes que le prieur est obligé d'acquitter lui sont payées par le produit de ces terres.

Les mesures et courtes dîmes peuvent produire une vingtaine de livres.

Les clos et jardins, quatre vingts livres.

Le prieur ne jouit que d'une rente foncière de trente cinq livres, de deux baux emphithéotiques de trente deux livres en tout ; il n'y a aucunes novalles, et les propriétaires plantent journellement de nouveaux bois.

Le total des revenus dudit prioré-cure se monte, année commune sur dix, à la somme de quatre cent quatre vingts livres, sur laquelle somme il faut déduire celle de cent cinquante livres pour frais de procession et pertes journallières, trente livres pour l'entretien des bâtimens, couvertures, grange et mur du presbytaire et autres entretiens du chœur de l'église, qui est à sa charge à cause de sa qualité de gros décimateur.

Partant, reste de net 3oo livres sur quoi est encore à ôter le tiers du produit en nature que le prieur est obligé de payer à son prédecesseur, suivant la resignation à lui faite de ce benefice.

Et après avoir affirmé la sincérité de cette déclaration, faite le 14 juillet 1757, le prieur ajoute cette sorte de *post-scriptum* :

La fabrique de Villemomble est si pauvre qu'elle n'a jamais été imposée aux decimes. Tout son revenu ne monte qu'à vingt six livres onze sous, et sans les liberalités des propriétaires, elle n'aurait pas de quoi fournir le luminaire pendant la moitié de l'année. Les ornemens sont donnés par les bourgeois du lieu.

Pépin, prieur de Villemomble 1.

Nous n'avons plus à parler, pour l'histoire de l'ancien régime, que du cahier de doléances, dressé le 12 avril 1789, pour être soumis à l'examen des États généraux ; il se compose de treize articles dont voici le résumé :

1° Liberté de tout citoyen, sacrée pour tous ; proscription des lettres de cachet ;

2° Inviolabilité de la propriété ;

3° Suppression des capaineries, sauf celles que le souverain « voudra conserver pour son amusement particulier » ;

4° Augmentation des brigades de maréchaussée, qui seront placées dans les paroisses où auront existé des capaineries, « et principalement dans celles qui, comme la paroisse de Villemomble, sont environnées de forêts et de bois » ;

5° Égalité de l'impôt sur toutes les propriétés ;

6° Suppression de « quantité de petites maisons religieuses, situées dans les campagnes et très bien dotées » ; leur remplacement par des hospices de charité pour les pauvres malades ;

7° Suppression des relations d'intérêts pécuniaires entre les curés et les paroissiens : « une pension honnête » pour les curés ;

8° Un seul impôt sur les vignes ;

9° Création de greniers pour empêcher l'exportation des grains, et, en même temps, servir de réserve en cas de disette ;

10° Simplification à apporter dans la perception de l'impôt ;

11° Loi pour que les huissiers et sergents n'instrumentent que dans l'étendue de leur juridiction ;

1. Archives nationales, Q 1 1078.

12º Que les sentences comportant condamnation à des dépens contiennent la liquidation desdits dépens ;

13º Mesures à prendre contre la trop grande multiplicité des pigeons de colombier.

Les noms des signataires sont les suivants : « Jacques Delépion, syndic, Boquia, Pinson, Feing, Puison, Montelle, Brouet, Planchet, Delaize, Torel, Gosse, Gardebled, Hugon, La Ruelle, greffier, Fournier »[1].

La disparition des premiers registres de délibérations communales nous prive de tout renseignement sur l'histoire de la période révolutionnaire à Villemomble. Le seul document conservé est la déclaration des revenus de la cure, fournie en 1790 par l'abbé Milsent, curé de la paroisse :

La dîme, tant en nature qu'abonnée.	728 livres
Rentes foncières.	84 —
Prés que je fais valoir.	100 —
Terres affermées	289 —
La fabrique paye annuellement	62 —
Je possède dans le chœur deux bancs et une chapelle, loués	38 —
Total.	1.295 livres

Sous le régime de la Constitution de l'an VIII, la commune fut administrée par un maire dont les sympathies étaient restées acquises au passé royaliste, Louis-Balthazard de Girardot, propriétaire du château de Launay. Il ne fit cependant aucune opposition au gouvernement de Napoléon Ier, mais il vit avec plaisir le retour de Louis XVIII, qui lui permit de reprendre la particule et son titre de chevalier de Saint-Louis, qu'il ne portait plus depuis vingt-quatre ans. Lors des Cent-Jours, se trouvant compromis aux yeux du nouveau gouvernement napoléonien, il abandonna les fonctions de maire, dont fut investi son adjoint, M. Fens. Après la débâcle définitive de l'Empire, il fut réélu maire, et les registres de délibérations attestent qu'il chercha noise à son prédécesseur pour avoir fait replanter devant l'église un arbre de la Liberté que l'on s'était empressé d'arracher dès la première Restauration. M. de Girardot mourut le 3 juillet 1835, à l'âge de 95 ans ; il est inhumé dans le vieux cimetière.

1. *Archives parlementaires,* t. V, pp. 199-200.

Veut-on savoir quel était en 1803 le budget des dépenses de la commune ? Le voici, tel qu'il fut voté le 15 pluviôse an XI (4 février 1803) :

Frais de mairie ; secrétaire-greffier	100 livres
Le montage de l'horloge	40 —
L'afficheur	20 —
Bulletin des lois	6 —
Frais des registres de l'état civil	12 —
Total	178 livres

La Révolution de 1830 paraît avoir laissé assez indifférente la municipalité. Il n'en fut pas de même de celle de 1848, qui fut accueillie avec joie par l'administration de M. Chevré. Nous empruntons les textes suivants au registre des délibérations :

RÉPUBLIQUE FRANÇAISE
LIBERTÉ — ÉGALITÉ — FRATERNITÉ

Le Conseil municipal de la commune de Villemomble, arrondissement de Sceaux, réuni salle de la mairie, sous la présidence de M. Chevré, maire, déclare à l'unanimité exprimer sa parfaite adhésion et son entier dévoûment au gouvernement provisoire.

Fait en mairie le dimanche 5 mars 1848. Ont signé les membres présents.

Le dimanche 26 mars, fut planté un arbre de la Liberté. La relation de la cérémonie est rapportée sur le registre des délibérations en ces termes :

Nous, maire de la commune de Villemomble, assisté de notre adjoint et des conseillers municipaux qui ont signé avec nous le présent procès-verbal, consignons sur le registre des délibérations la cérémonie de la plantation de l'arbre de la liberté, faite ce jour même à quatre heures de relevée ; cérémonie célébrée par M. le curé et son clergé en présence des autorités administratives, ainsi que de la garde nationale entourée du reste de la population. Nous consignons donc avec bonheur que cette cérémonie s'est faite non seulement avec pompe, mais avec une franche cordialité et avec enthousiasme ; que la population entière de Villemomble a fraternisé en ce jour de fête.

La proclamation de la Constitution donna lieu, le 19 novembre, à une fête qui est ainsi relatée :

L'an mil huit cent quarante-huit, le dimanche 19 novembre à midi, les autorités civiles et militaires de Villemomble réunies sur la place de l'arbre de la liberté, à l'occasion de la promulgation de la constitution de la République, se sont rendues à la mairie afin d'y dresser le procès-verbal de cette cérémonie, ainsi qu'il suit :

Le matin, à huit heures, il a été fait à domicile une distribution de secours aux familles les plus nécessiteuses.

A neuf heures et demie, la garde nationale était sous les armes.

A dix heures, les autorités civiles, ainsi que les gardes nationaux, se sont rendus à l'église pour assister à la messe officielle, à l'issue de laquelle, à onze heures, les autorités et gardes nationaux, clergé en tête, se sont portés sur sur la place de l'arbre de la liberté, où une estrade avait été dressée à cet effet.

Le maire et les corps constitués y sont montés. Le maire a fait la lecture de la Constitution en présence de tous les habitants assemblés, et la cérémonie s'est terminée par la bénédiction de la Constitution, à la suite de laquelle on a entonné le *Te Deum*.

La population s'est séparée aux cris d'enthousiasme de Vive la République ! Vive la Constitution de 1848 !

Il est à l'honneur de M. Chevré d'avoir donné sa démission à la fin de 1851, plutôt que de s'associer aux applaudissements dont le Conseil salua le coup d'État de 1851 et de signer « l'adresse d'adhésion au grand acte de dévouement que M. le Président de la République vient d'accomplir avec tant de courage et qui doit rendre à la France la sécurité dont elle avait tant besoin ».

Il est difficile d'apprécier avec plus de platitude la violation de cette Constitution que les mêmes hommes avaient acclamée trois ans auparavant.

L'invasion allemande de 1870-1871 mit en fuite tous les habitants dès le 12 septembre. Le siège de la mairie fut transféré à Paris, rue de Palestro, 37. Le Conseil municipal s'y réunit les 11 septembre, 16 octobre, 6 novembre, 15 novembre, 30 décembre 1870 et 30 janvier 1871. Le registre de délibérations porte que la session de février 1871 n'eut pas lieu, « les événements occasionnés par la guerre ayant forcé MM. les membres du Conseil municipal à quitter la commune ». Ils ne se réunirent plus ensuite que le 11 juin 1871, et ce fut pour constater les dégâts dont la réparation était la plus urgente. C'est ainsi que 500 francs furent votés pour remplacer le matériel scolaire ; 1.000 francs pour les deux horloges de l'église et de la mairie. Le bilan général des pertes fut établi à la séance du 10 septembre suivant :

Pertes mobilières	8.033 fr. 90 cent.
Pertes immobilières .	7.183 — 03 —
Total . . .	15.266 fr. 93 cent.

La commune aurait pu être plus éprouvée si des engagements
sérieux s'étaient produits entre les hauteurs du Raincy, là où s'élève
le temple protestant, qu'occupaient les Prussiens, et le plateau
d'Avron où se tenaient nos mobiles, mais ils n'eurent lieu que le
2 décembre et le 17 janvier comme thèmes de diversion aux combats
réels de Champigny et de Buzenval.

Après ces tristes jours, Villemomble allait bientôt connaître
une prospérité inattendue. En septembre 1871, M. Louis Detouche,
le célèbre horloger parisien, qui, depuis peu, s'était fixé dans le
pays, s'y fit nommer maire et ne cessa désormais de s'intéresser à
la commune, qu'il administra pendant huit ans. Nous parlons plus
loin de la donation qu'il lui fit, avec le concours de Mme Outrebon,
de l'ancien château, devenu la mairie actuelle. A cette résidence atte-
nait un vaste parc, dont le lotissement, en 1875, détermina, comme
nous le disions en commençant, une si heureuse modification dans
la physionomie de Villemomble. Puis, d'autres lotissements se
firent des grandes propriétés voisines, — celle de Launay, — celle
de Beauséjour, — celle de M. Detouche lui-même, dont le joli
château, construit dans le style de la Renaissance, s'est vu singu-
lièrement restreint dans ses dépendances, depuis 1893. La majeure
partie du territoire, notamment la plaine que coupe en deux la ligne
du chemin de fer, fut ainsi exploitée par des syndicats et vendue en
détail, constituant dans la commune une série d'agglomérations
distinctes, fort éloignées du centre historique.

Dans plusieurs circonstances d'ordre général, la municipalité a
toujours tenu à s'associer aux sentiments généreux qui animaient
la France. Aux funérailles de Victor Hugo, en 1885, elle se fit
représenter officiellement par une délégation de membres du Conseil, porteurs de leurs insignes, et accompagnés du sous-lieutenant
de la compagnie de pompiers.

Lors de l'assassinat du président Carnot, le Conseil se réunit
hors séance pour rédiger une adresse où il s'associait « aux sentiments d'indignation et de réprobation générale qu'inspire dans le
cœur de tout bon Français le crime abominable qui vient de frapper
le premier magistrat du pays, ce gardien intègre de nos institutions».

La visite de l'escadre russe, puis celle de l'empereur de Russie,
ne l'ont pas davantage laissé indifférent.

II.— MODIFICATIONS TERRITORIALES ET ADMINISTRATIVES

Il a été dit plus haut qu'en 1660, le château et le parc du Raincy avaient été distraits de la paroisse de Villemomble pour être mis sous la dépendance de celle de Bondy. Ce fut la plus importante modification apportée au territoire de la commune. Bien postérieurement, lorsque la section du Raincy, rattachée alors à Livry, en Seine-et-Oise, voulut se faire un territoire communal emprunté à ceux de Bondy, Villemomble, Livry et Gagny, *afin d'être réunie à la Seine*, le Conseil municipal de Villemomble protesta très vivement contre ce projet d'empiétement. La délibération est du 23 avril 1865 ; elle mérite d'être citée dans ses parties principales, car elle contient d'intéressants renseignements sur la situation de la commune à cette date :

Attendu que le territoire actuel de la commune ne dépasse point la quantité de 975 hectares, compris la totalité du terrain sur lequel est établi le chemin de fer ;

Que le chiffre de sa population n'excède pas 860 âmes environ ;

Que la commune ne possède aucune propriété mobilière ou immobilière et qu'elle n'a d'autres ressources annuelles que ses impositions communales, dont la modicité résulte surabondamment et du peu d'étendue de son territoire, et du nombre si restreint de ses habitants ;

Que, dans l'état actuel des choses, ainsi que le démontrent suffisamment les budgets annuels de la commune, l'administration municipale, malgré tous ses efforts, peut à peine subvenir, avec les faibles moyens dont elle dispose, à assurer le service des dépenses obligatoires ;

Que l'entretien des édifices communaux, celui des voies de communication vicinales et rurales ne sont point, vu le manque de fonds, ce qu'ils devraient être ;

Que l'église de Villemomble qui est, en fait, plutôt une chapelle qu'une église, ne suffit pas à la population qui, depuis l'établissement du chemin de fer, a pris une certaine augmentation et tend à s'accroître d'année en année, et que la commune est à la veille de s'imposer de lourds sacrifices pour reconstruire ou du moins agrandir cette église trop petite et qui est dans un état de délabrement [complet] ;

Attendu que, dans une pareille situation, il serait déplorable pour la commune de Villemomble de voir diminuer son territoire et le nombre de ses contribuables, et, par suite, ses ressources pécuniaires ;

Qu'il y a lieu de considérer tout particulièrement que ces 89 hectares que l'on veut enlever à la commune forment presque le quart de son territoire et sont une partie de ce territoire appelée, par le voisinage de la station du chemin de fer, à se couvrir d'année en année de nombreuses maisons, par suite, de nombreux habitants, et à fournir ainsi, dans un prochain délai, aux finances appauvries de la commune un supplément efficace, pour ne pas dire abondant ;

Que, de cet exposé il ressort évidemment que la commune de Villemomble, pauvre en territoire, pauvre en habitants et pauvre en finances, est non seulement dans l'impossibilité de penser à créer dans son sein ces améliorations et ces œuvres de bien-être et de confortable que l'on voit se réaliser dans les communes riches des environs de Paris, mais que, loin de là, elle a peine à suffire aux dépenses qui sont de strict nécessaire pour toute commune, si petite qu'elle soit ;

Que c'est donc pour la commune un intérêt de premier ordre, un intérêt vital et de nécessité absolue que de ne pas voir amoindrir son territoire et diminuer le nombre de ses habitants.....

En dépit de ces protestations, le décret du 20 mai 1869 qui créait la commune du Raincy n'en stipula pas moins la disjonction, au profit de cette dernière, d'une partie des terrains de Villemomble (Cf. *Bulletin des lois*, 1869, n° 1712).

L'établissement des limites de la commune n'avait pas, d'ailleurs, pu se faire sans difficultés. C'est ce qui résulte d'un dossier de l'an XI conservé aux Archives nationales sous la cote F², Seine[1]. Le 10 thermidor an XI (29 juillet 1803), le préfet de la Seine, Frochot, écrivait au ministre de l'intérieur que « le citoyen Belhomme, géomètre-arpenteur, chargé par le préfet d'exécuter les opérations de l'arpentage prescrits par l'arrêté des Consuls du 12 brumaire dernier, ne peut arriver à faire ce travail dans la commune de Villemomble parce que tout signe de délimitation a disparu ». Il réclamait donc pour le géomètre l'autorisation de consulter le cadastre conservé dans les bureaux du ministère.

Par lettre du 15 thermidor suivant (3 août), le ministre demandait à son collègue du département des Ponts et Chaussées si les cadastres et plans de l'arrondissement de Sceaux ne se trouvent pas dans ses bureaux.

Il faut croire que Belhomme eut enfin satisfaction, car la mairie de Villemomble conserve le plan de la commune dressé par lui, et portant la même date de l'an XI.

Nous donnerons ici quelques indications sur les autres modifications apportées ou demandées au territoire communal, d'après les registres de délibérations : 13 novembre 1873 : approbation par le Conseil d'une pétition de tous les propriétaires du parc de Beauséjour demandant l'annexion complète à Villemomble, dont un tiers seulement dépend, les deux autres tiers relevant de Rosny auquel ils sont reliés par de mauvais chemins. Ce vœu n'a pas été réalisé.

2 décembre 1874 : cession faite à la commune par la famille d'Orléans de tous les chemins et avenues du Petit-Villemomble.

8 août 1875 : demande de rectification des limites entre Villemomble et le Raincy.

6 novembre 1892 : rectification des limites entre Villemomble et Gagny.

Au point du vue administratif, Villemomble fit partie pendant toute la période révolutionnaire du district de Bourg-la-Reine — jusqu'à la suppression des districts, ordonnée par la Constitution de l'an III,— et du canton de Montreuil. Celui-ci fut supprimé en l'an VIII et Villemomble fut alors rattaché au canton de Vincennes, dépendant de l'arrondissement de Sceaux. Consultée en 1835 sur l'opportunité d'avoir un autre chef-lieu d'arrondissement, la municipalité exprima le désir singulier, mais formulé également par d'autres communes, que ce chef-lieu fût Montrouge, « comme centre plus près de Paris et plus convenable pour tous les électeurs ».

Plus tard, dans un sentiment tout différent, le Conseil réclama fort vivement le rattachement de la commune au canton de Pantin, en raison de l'éloignement où elle est de Vincennes et de la facilité des relations avec Pantin (délibérations des 17 février, 21 octobre 1888, 17 février 1889).

C'était souhaiter en même temps le changement d'arrondissement. En effet, la loi du 12 avril 1893 lui donna satisfaction sur ce second point, mais en incorporant la commune au canton de Noisy-le-Sec » avec lequel les relations sont plus faciles encore.

Rosny et Villemomble sont les deux seules communes du département qui aient ainsi passé d'un arrondissement à l'autre.

III. — ANNALES ADMINISTRATIVES. — LISTE DES MAIRES

Enseignement.—Une école avait été fondée, nous l'avons dit, dans la paroisse dès la première moitié du XVIIIe siècle par François Hardy, mort en 1725 ; cette institution existait encore à la veille de la Révolution ; les registres paroissiaux mentionnent, le 30 septembre 1784, la mort de Philippe Noël, ancien maître d'école ; son successeur, nommé Jannet, figure dans plusieurs actes des années suivantes, Puis, une longue lacune. Une délibération du 21 février 1819 porte que «la maison d'école est vacante, faute d'instituteur que l'on trouvera difficilement, attendu que la commune ne présente aucun avantage pour lui fournir les moyens de pourvoir à sa subsistance ; ....qu'on ne peut prévoir quand il se présentera un maître d'école pour l'occuper et donner des soins à l'éducation des enfants....». En conséquence, le Conseil était d'avis de mettre purement et simplement en location cette maison.

A la date du 26 mars 1822, l'autorisation fut donnée au sieur Félix-Augustin Chenu d'exercer les fonctions d'instituteur primaire, et, par délibération du 11 mai 1823, une indemnité de logement de 153 fr. 80 lui fut allouée. Une autre délibération, du 11 août 1833, fixait à 240 francs par an le traitement de l'instituteur, à 1 franc par mois la taxe à payer par élève et admettait que le nombre des enfants élevés gratuitement pourrait être de 15 à 20.

Le 10 mai 1839, le Conseil vota un crédit de 12 fr. 50 pour être affecté à la distribution de prix et récompenses aux élèves de l'école primaire de garçons. Cette somme, par trop modeste, fut portée à 50 francs, le 10 août 1849.

Pendant fort longtemps, l'école fut mixte, en raison du peu de ressources de la commune (voy. une délibération du 17 mai 1863).

Ce n'est que par arrêté préfectoral du 10 juillet 1865 qu'un emploi d'institutrice fut créé, au profit de Mlle Marchain, à qui la commune alloua, outre la rétribution scolaire, un traitement de 400 francs, qui fut élevé à 500 francs le 15 juin 1867, en même temps que celui de l'instituteur était porté à 1.000 francs. Le taux de la taxe scolaire était de 2 fr. 50 par mois.

La gratuité fut votée à partir du 1er janvier 1872, par délibération du 3 décembre 1871 ; à cet effet fut inscrite au budget communal une contribution de 4 centimes additionnels.

Secrétaire de mairie.— Jusqu'en 1877, l'instituteur cumulait les fonctions de secrétaire de la mairie ; l'emploi nouveau fut créé par délibération du 8 août, et le traitement fixé à 1.200 francs. Des décisions successives du Conseil l'ont élevé à 1.800 francs (14 mai 1879) et à 2.400 francs (3 juin 1893).

Desservant.— Après avoir été, sous l'ancien régime, le siège d'une paroisse administrée par un curé, la commune n'eut plus, après la Révolution, qu'un desservant. Encore partageait-il son office entre Rosny et Villemomble. C'est en octobre 1836 seulement que l'on créa la fonction d'un desservant spécialement pour la commune. Par délibération du 14 mai 1882, le Conseil rejeta, à la majorité d'une voix, le crédit de 300 francs qui était inscrit au budget de 1883 comme indemnité à ce desservant.

Moyens de transport.— En 1824, fut créé un service de voitures publiques entre Villemomble et Paris, par Rosny et Montreuil; il n'y avait que trois départs par semaine au prix de 2 francs en coupé et de 1 fr. 60 dans la voiture même. En 1832, une entreprise plus pratique fonctionna par la nouvelle route de Pantin, avec trois départs par jour, au prix de 1 fr. 25 pour chaque trajet. La création du chemin de fer de Paris à Meaux fut un bienfait pour les populations de la région. L'inauguration de la ligne eut lieu le 10 juillet 1849; les stations, à l'origine, étaient les suivantes: Paris (rue Neuve-Chabrol), Noisy-le-Sec, Gagny, Chelles, Lagny, Esbly et Meaux. Trois trains, tous omnibus, les desservaient, à 8 h. 30, à 11 h. 30 et à 5 h. 30; le prix des places pour Gagny-Villemomble était, suivant la classe, 1 fr. 45, 1 fr. 10 et 0 fr. 80. Dès le 22 novembre 1846, appelé à délibérer sur l'emplacement de deux stations, l'une entre Noisy et Bondy, l'autre entre Villemomble et Gagny, le Conseil municipal avait indiqué l'emplacement actuel de la gare du Raincy, qui lui paraissait le plus central. Cette gare ne fut cependant ouverte à l'exploitation qu'en 1856.

Noms des rues.— La commune, surtout depuis ces dernières années, contient un très grand nombre de rues, dont la plupart ne sont pas classées dans la voirie urbaine, et auxquelles la fantaisie de ceux qui les ont ouvertes a donné des noms qui n'ont aucun intérêt historique. Les rues de l'ancien Villemomble étaient, par contre, très peu nombreuses: c'étaient, d'abord, la Grande Rue, puis la rue de Neuilly-sur-Marne, celle de la Procession, parce qu'elle était parcourue par la procession de la Fête-Dieu, celle des Trois-Frères, dénomination due peut-être aux trois fils de M. Lewal, celle de la Montagne-Savart, l'avenue de Launay.

Le 19 novembre 1881, le Conseil municipal délibéra de dénommer l'avenue Magne boulevard de Villemomble, l'allée Grolier rue du Gaz et l'avenue T boulevard d'Aulnay. L'avenue Outrebon doit on nom à la donatrice de la mairie (ancien château Papin).

Cantonnier.— Une délibération du 18 mai 1857 reconnut la nécessité de créer un emploi de cantonnier, et elle en fixa le salaire à 800 francs ; ce chiffre fut porté à 840 francs par une délibération du 21 août 1859.

Usine à gaz. — Sa création fut autorisée le 3 mars 1872, mais avec stipulation qu'elle serait sur le territoire de la commune ; elle a été construite, en effet, sur la limite du Raincy.

Télégraphe.— Le 8 juin 1882, fut ouvert un crédit de 800 francs comme part contributive de la commune à la création d'un bureau télégraphique.

Gendarmerie.— Dans sa séance du 15 novembre 1891, le Conseil a émis le vœu, renforcé par de nombreux considérants, qu'une brigade de gendarmerie fût créée à Villemomble, ou au moins que l'on y transférât celle de Rosny, suffisamment protégé par les brigades dont le siège est déjà à Noisy-le-Sec, à Fontenay-sous-Bois, à Montreuil.

MAIRES DE VILLEMOMBLE

GIRARDOT, Louis-Balthazard. An VIII-1815.
FENS, François. Élu le 14 mai 1815.
GIRARDOT (Louis-Balthazard de). Élu en octobre 1815.
MASSON, Edme-Denis. 1816-1826.
LEWAL, François-Charles-Gabriel-Joseph. 1826-1831.
LECORNET, maire provisoire. 1831.
MARTIN, Jean-François. Décembre 1831-1833. Démissionnaire.
LECORNET, 1833-1837. Mort en fonctions.
PAPIN, René-François. 1838-1844.
CHEVRÉ, René-Christophe. 1844-1851. Démissionnaire.
MANGIN, Emmanuel-Marius. 1851. Démissionnaire.
ESMINGER, Henri. 1851-1870. Mort en fonctions.
DETOUCHE, Constantin-Louis. Nommé en septembre 1871. Élu le 21 janvier 1878.
GIBOURY, Louis-Marie-Alfred. Élu le 30 août 1879. Réélu le 22 janvier 1881.
LÉVY, Isaac. 1884-1887.
GUIBERT, Alphonse. Élu le 7 juin 1887.
RODET, Louis-Gustave. Élu le 20 mai 1888. Réélu le 15 mai 1892 et le 16 mai 1896.

IV.— MONUMENTS ET ÉDIFICES PUBLICS

On est très mal renseigné sur la première maison commune de Villemomble. A l'origine, il n'y en eut pas d'autre que le domicile même du maire. En 1824, la mairie fut installée dans une maison du village, qui, d'après les notes de M. Sourdat, a été démolie pour le passage de la rue Joséphine. L'école s'y trouvait aussi ; une délibération du 5 mai 1833 mentionne « des travaux faits à l'école primaire communale pour son assainissement et la séparation des garçons et des filles dans ledit local ».

C'est le 17 novembre 1845 que le Conseil vota l'acquisition d'un terrain situé à l'angle de la grande rue et de celle de Neuilly pour y construire dans des conditions meilleures la maire et l'école ; le prix du terrain s'élevait à 4.300 francs ; le devis des travaux présenté par l'architecte de l'arrondissement, Naissant, montait à 25.650 francs. Cependant, rien n'était commencé encore en 1848, ainsi que l'atteste une délibération du 30 avril, demandant que l'on se hâte afin de donner de l'ouvrage aux travailleurs. La réclamation fut suivie d'effet, car, le 18 juin suivant, on procédait à la pose de la première pierre du bâtiment. Cette solennité a été relatée à sa date dans les termes suivants au registre des délibérations :

> L'an mil huit cent quarante huit, le dix huit juin
> La pose de la première pierre de la mairie et des écoles
> a eu lieu en présence des citoyens
> Reyneau, délégué à la sous-préfecture de Sceaux ;
> Chevré, maire ;
> Garnier, adjoint ;
> du Conseil municipal et de la garde nationale.
> Après la bénédiction de la dite pierre, le citoyen délégué à
> la sous-préfecture a déposé dans une boîte en plomb
> la médaille commémorative de cette cérémonie.
> Ce qu'il a signé avec les susnommés, les jour, mois et an
> que dessus, ainsi que les officiers de la garde nationale,
> les membres du Conseil municipal et l'architecte du
> département chargé des plans et de l'exécution, les
> membres du Bureau de Bienfaisance.

Ce modeste édifice serait peut-être encore aujourd'hui la mairie, sans l'acte de générosité auquel nous avons déjà fait allusion. C'est à la séance du 8 août 1875 que le maire, M. Detouche, annonça « qu'étant devenu acquéreur en société avec Mme Outrebon, née Papin, du château de Villemomble », ils l'offraient afin d'y installer la mairie et les écoles de garçons et de filles ; qu'ils ajoutaient à ce don un espace environnant de 8.000 mètres carrés, afin de faire une vaste place publique autour de la mairie. On imagine sans peine avec quelle faveur cette offre fut accueillie,

et combien sincères furent les remerciements que, d'acclamation,
le Conseil vota à son maire.

L'origine de ce château, qui paraît avoir été plutôt un pavillon
de chasse, n'est pas très exactement connue. « La belle maison, dit
Lebeuf, qui est dans le village même et dont les jardins s'étendent
sur la côte en montant vers Avron, a été bâtie par le sieur Barême
en 1741. » Faut-il voir là l'édifice dont nous nous occupons ? Cette
description paraît plutôt s'appliquer à l'ancien domaine de la Garenne. En revanche, la date 1741 correspond bien au style de la
mairie actuelle, qui est du pur Louis XV.

D'après les recherches de M. Sourdat, le bâtiment appartenait
en 1824 à M. Ragouleau, mentionné en cette qualité sur le grand
plan de la commune ; il passa ensuite à M. Lewal, conseiller réfé-
rendaire à la Cour des comptes, à M. Carrette, à M. Martin de
Flacourt, enfin à M. René-François Papin. dont la fille devint
Mᵐᵉ Outrebon. A gauche de l'entrée était un grand escalier, qui
fut démoli lors des aménagements nécessités pour les services
municipaux, et l'on n'accède plus à l'étage supérieur que par un
escalier fort mal commode. Les deux ailes construites pour les
écoles et qui y furent affectées jusqu'à la construction des nouveaux
bâtiments scolaires déparent aussi ce coquet édifice ; mais, si l'on
en fait abstraction, il reste l'une des mairies les plus élégantes
du département.

Bien que, dès la séance du 8 août 1875, le Conseil ait voté l'appo-
sition d'une plaque commémorative de la donation, ce n'est qu'en
1887 qu'elle fut placée dans le vestibule. Elle est ainsi conçue :

CETTE MAIRIE
A ÉTÉ DONNÉE A LA
COMMUNE DE VILLEMOMBLE EN 1875
PAR Mʳ L.-C. DETOUCHE, CHEVALIER DE LA LÉGION D'HONNEUR
ALORS MAIRE,
ET Mᵐᵉ OUTREBON, NÉE PAPIN

—

POUR PERPÉTUER LE SOUVENIR DE CETTE GRACIEUSE LIBÉRALITÉ,
LE CONSEIL MUNICIPAL, DANS SA SÉANCE DU 14 SEPTEMBRE 1887,
A DÉCIDÉ QU'UNE PLAQUE COMMÉMORATIVE SERAIT SCELLÉE
DANS LE VESTIBULE MÊME DE L'ÉDIFICE,
POUR RAPPELER AUX GÉNÉRATIONS FUTURES CE DON DE HAUTE MUNIFICENCE

Suivent les noms des maire, adjoint et conseillers municipaux alors en exercice. Cette rédaction donna prise, le 8 janvier 1888, aux critiques du Conseil, qui regretta de n'avoir pas été consulté, car il eût préféré à la liste des noms d'officiers municipaux cette mention : *Les habitants reconnaissants.* — L'inscription n'a cependant pas été modifiée.

La mairie fut officiellement installée dans l'ancien château de M. Papin en 1880. Alors, fut gravée au fronton de la mairie abandonnée cette double date : 1848-1880, marquant la durée de son existence. Le 11 avril 1880, le Conseil vota la création dans ses bâtiments d'une salle d'asile. Quant à la nouvelle mairie, les frais d'aménagement furent assez lourds ; ils s'élevèrent pour le bâtiment principal à 34.268 fr. 24, et pour la construction des asiles destinées aux écoles à 68.985 fr. 75 (délibération du 5 octobre 1879).

Église. — Nous avons fourni plus haut (p. 10) les renseignements relatifs à sa construction et aux inscriptions historiques qu'elle renferme. L'édifice était en ruine en 1819 ; il fallut le restaurer complètement : le devis dressé par le service des Ponts et Chaussées s'élevait à 18.387 fr. 93 (délibération du 7 mars 1819). Une ordonnance royale du 19 janvier 1820 autorisa la commune à s'imposer extraordinairement, pour parer à cette dépense, une somme de 5.360 francs pendant quatre années.

Le 13 novembre 1859, le Conseil appelait l'intention du maire sur l'insuffisance de l'église : elle ne peut, était-il dit, contenir 300 personnes, alors que, durant la belle saison, la population s'élève à plus de 1.400 habitants. Quelques années plus tard, le 23 février 1868, le Conseil autorisa le maire à traiter jusqu'à concurrence de 22.000 à 25.000 francs pour acquérir la propriété de M. Chabot, sise avenue du Raincy, au lieu dit la Croix, afin d'y édifier une nouvelle église. Durant toute l'année, les négociations se poursuivirent très activement ; les souscriptions volontaires atteignaient la somme de 26.095 francs ; le préfet était prié d'ordonner l'expropriation de la propriété, que son possesseur ne voulait pas vendre de son plein gré. Mais la guerre survint avant que rien n'ait été conclu, et les choses en restèrent là.

Le 2 février 1886, a été voté un crédit de 950 francs pour réparer la façade du monument si médiocrement construit par Jû.

Presbytère. — On a dit que, jusqu'à 1836, le service curial fut fait à Villemomble par le curé de Rosny. Le 10 août 1837, le

Conseil se préoccupa de louer une maison pour servir de presbytère et d'y affecter un crédit de 200 francs. Nous n'avons pu retrouver l'emplacement de cette maison. Le 6 février 1842, le presbytère passa dans la maison de M. David, rue de la Procession, et le 15 novembre 1846 dans celle de M. Lucas, rue des Trois-Frères. Ce n'est qu'en 1858 que fut votée (16 mai) l'acquisition du presbytère actuel, attenant à l'église, au prix total de 15.000 francs.

Croix.— Le 11 mai 1873, le Conseil ouvrit un crédit de 100 fr. pour restaurer au lieu dit de Launay, dans la partie Est du village une croix qui avait été érigée sur l'avenue du Raincy, lieu dit la Patte d'Oie, en commémoration d'une visite de M. Darboy, archevêque de Paris, et qui avait été brisée pendant la guerre. Il ne paraît pas que ce vote ait été suivi d'exécution.

Cimetière. — La commune a eu, — elle a encore, — plusieurs cimetières. Le 26 pluviôse an XI (15 février 1803), le Conseil municipal était d'avis de transférer le champ de repos « qui est au milieu des habitations », — il était à l'angle S.-E. de la place de la Mairie, — au canton du Paradis, à l'Ouest et dans les dépendances de l'ancien enclos de la Garenne. C'est ce qui fut fait. Le 11 novembre 1849, fut votée l'acquisition d'une parcelle de terrain, évaluée à 350 francs, pour son agrandissement. Le 27 février 1859, un nouveau crédit est voté : 2.500 francs pour l'achat de 64 m. 30 de long sur 25 m. 30, au prix de 1 fr. 67 par mètre, soit 2.500 francs, plus 250 francs pour frais d'acquisition, et 8.058 francs pour les dépenses de clôture et de plantations. De ce chef, la commune dut voter pour treize ans une surimposition de 8 centimes additionnels. Un nouvel agrandissement fut nécessaire en 1877 dont les frais, réglés par délibération du 3 février 1878, s'élevèrent à 27.586 fr. 16, et motivèrent une surimposition de 20 centimes pendant trois ans.

Enfin, en 1889 (délibération du 22 août), il fut décidé qu'un nouveau cimetière communal serait créé. L'acquisition du terrain, au lieu dit la Garenne, s'éleva à 47.764 francs, à raison de 2 francs le mètre.

L'ancien cimetière est réservé aux concessions perpétuelles. Parmi les sépultures notables qu'il renferme, nous citerons celles du baron de Girardot, — du docteur Dubois, « mort victime de son dévouement professionnel » en 1877, — du littérateur Chatrian, — de la famille Detouche, concédée gratuitement en vertu d'une décision prise par le Conseil municipal le 22 septembre 1888.

BIBLIOGRAPHIE

L'abbé Lebeuf, *Histoire du diocèse de Paris*, t. II, pp. 557-563 de l'édition de 1883.

M. L. Sourdat, conseiller municipal de Villemomble, a publié plusieurs articles intéressant l'histoire de la commune dans *l'Écho du Raincy*, journal régional; il a, en outre, formé un dossier de notes manuscrites qu'il a bien voulu nous communiquer, et que nous avons eu le plaisir de citer plusieurs fois.

Fernand Bournon.

RENSEIGNEMENTS

ADMINISTRATIFS

I. — TOPOGRAPHIE, DÉMOGRAPHIE ET FINANCES

---

§ I. — TERRITOIRE ET DOMAINE

A. — TERRITOIRE

Nom. — Villemomble.

Dénomination des habitants. — La forme « Villemomblois », sans être officielle, est la seule employée.

Armoiries. — Néant.

Limites du territoire. — La commune de Villemomble, située tout à fait à l'Est du département de la Seine et limitrophe du département de Seine-et-Oise, est bornée :
Au Nord, par Bondy (Seine) ;
A l'Est, par le Raincy et Gagny (Seine-et-Oise) ;
Au Sud, par Neuilly-sur-Marne (Seine-et-Oise) ;
A l'Ouest, par Rosny-sous-Bois et Bondy (Seine).

Quartiers, hameaux, écarts. — La commune de Villemomble a été construite presque entièrement sur d'anciens parc morcelés, ce qui lui donne une physionomie agreste bien particulière ; les habitations, très nombreuses et très rapprochées les unes des autres, sauf à l'Ouest et au Sud, sont toutes entourées de verdure.

Le seul écart un peu important est Beauséjour, tout à fait au Sud et situé, pour la plus grande partie, sur Rosny-sous-Bois.

Lieux dits. — Bois Royaux, Bois Papin, Bois Doré, Parc Carette, la Fosse aux Bergers, la Queue de Villemomble, le Château, la Garenne, la Côte des Levants, le Chemin de Neuilly, le Bois Chelot, la Plaine, la Vallée d'Avron, les Enfers.

Superficie de la commune. — La superficie actuelle du territoire est de 375 hectares, dont :

Propriétés bâties	43 h.
Propriétés non bâties .	332 h.
Total égal	375 h.

Arrondissement. — Saint-Denis.

Canton. — Noisy-le-Sec.

Circonscription électorale législative. — Première circonscription de l'arrondissement de Saint-Denis.

Sectionnement électoral. — Pas de sectionnement.

Bureau de vote. — Un seul bureau de vote, à la Mairie.

Circonscription de commissariat. — Commissariat de police des Lilas.

Orographie. — Point le plus élevé au-dessus du niveau de la mer : 100 mètres (au lieu dit Beauséjour, au Sud de la commune).
Point le plus bas : 60 mètres (le Nord et l'Est de la commune).

Hydrographie. — Aucune rivière importante ne se trouve sur le territoire de Villemomble ; le ru de Saint-Baudille arrose la partie Sud-Ouest de la commune.

B. — DOMAINE

Mairie. — La mairie est située place de la Mairie, dans l'ancien château, don de M. Detouche en 1875, mais elle n'a été installée qu'en 1887 ; c'est un bâtiment à deux étages, d'aspect assez noble, dont le portique à colonnes doriques, supportant un fronton sculpté, rappelle avec quelque éclat l'architecture du siècle dernier. Malheureusement, un campanile fort lourd et sans aucun rapport avec le style de l'édifice le dépare sensiblement, ainsi que les deux ailes sans caractère qui servaient autrefois d'écoles. Le rez-de-chaussée comprend: un vestibule, le bureau du secrétaire, le cabinet du maire, la salle des mariages, la salle du conseil. Il reste dans ces pièces d'élégantes boiseries et une très belle cheminée de marbre blanc, ornée de bronzes dorés, datant de la moitié du XVIIIe siècle.

Le premier étage contient les appartements du secrétaire et le logement du garde champêtre.

Le monument appartient à la commune.

La superficie du terrain, y compris la place et les jardins, est de 7.000 mètres.

Écoles. — Le groupe scolaire situé avenue des Écoles, au centre du pays, a une superficie de 4.000 mètres; il contient une école de garçons, construite en 1890, dont la dépense s'est élevée à 130.944 francs, et une école de filles, édifiée en 1894, pour une somme de 84.237 francs.

L'école maternelle est installée dans les bâtiments de l'ancienne mairie, désaffectée en 1888. La superficie du terrain est de 950 mètres.

Les écoles appartiennent à la commune.

Église. — L'église, sous le vocable de saint Louis, est située Grande-Rue, à l'angle de la rue d'Avron; c'est une construction du commencement du siècle, dénuée de tout caractère architectural quelconque, très exiguë et ne renfermant aucune œuvre intéressante.

La superficie du terrain est de 250 mètres. C'est une propriété communale.

Temple, Synagogue. — Néant.

Presbytère. — Le presbytère se trouve rue d'Avron, derrière l'église. Il a été acheté par la commune vers 1848, pour la somme de 35.000 francs. Par suite des dépenses successives, la dépense doit être évaluée à 60.000 francs.

Sa superficie est de 580 mètres.

Il appartient à la commune.

Cimetières. — La commune possède deux cimetières. L'entrée de de l'ancien cimetière est rue du Plateau-d'Avron, un peu au-dessus de l'église. La superficie du terrain est de 4.600 mètres; la dépense d'acquisition de terrain, construction de murs, drainage, s'est élevée à 55.000 francs.

Le nouveau cimetière, ouvert en 1892, occupe une superficie de 23.882 mètres, au lieu dit « la Garenne ». La dépense totale a atteint le chiffre de 68.980 fr. 57.

Un caveau dépositoire existe dans chacun de ces cimetières. Les caveaux sont la propriété d'un entrepreneur ; au bout de 30 années, c'est-à-dire dans 14 ans, ils feront retour à la commune.

Tombes militaires. — Un soldat du génie auxiliaire français, tué en 1870, et inhumé par les Allemands dans le parc du château, devenu depuis la mairie, a été exhumé et déposé en 1877 dans une concession perpétuelle de l'ancien cimetière.

Le terrain a été acquis par la commune et la tombe est entretenue par ses soins.

Hospice. — Néant.

Hôpital. — Néant.

Morgue. — Néant.

Crèche. — Néant.

Dispensaire. — Néant.

Fourneau économique. — Néant.

Théâtre. — Néant.

Abattoir. — Pas d'abattoir public, mais 5 tueries particulières chez cinq bouchers de la localité.

Fourrière. — Néant.

Terrains communaux. — Néant.

Fort. — Néant.

§ II. — DÉMOGRAPHIE

A. — POPULATION

Les dénombrements faits depuis 1801 donnent les résultats suivants :

```
1801. . . . . . . . .              .    . . . . . .   420 [1]
1817.        . . .                 . . . . . . .      477
1831. . . . . . . . . . . . . . . . . . . . . . . .   668
1836. . . . . . . . . . . .    . . . . . . . . . .    647
1841. . . . . . . . . . . . . . . . . . . . .   . .   614
1846. . . . . . . . .    .                . . . . .   670
1851. . . . . . . . . . . . . . . . . . . . . . . .   684
1856. . . . . . . . . . . . . . . . . . . . . . . .   764
1861. . . . . . . . . . . .    .    . . . . . . . .   860
1866. . . . . . . . . . . . . . . . . . . . . . . .   983
1872. . . . . .    . . . . . . . . . . . . . . . .   1.180
1876. .  .              . . . . . . . . . . . . . .   1.332
1881. .                          . . . . . . . .     2.033
1886. .                          . . . . . . . .     3.141
1891. . . . . . . . . . . . .         .    . . . .   3.724
1896. . . . . . . . . . . . . . . . . .    . . . .   4.901
```

Le chiffre de la population de la commune a donc décuplé depuis le commencement du siècle.

Les tableaux dressés à la suite du dernier recensement contiennent les renseignements suivants :

Population *résidente :* 4.901.

```
Résidents présents . . . . . . . . . . . . 4.783 ⎫
Résidents absents. . . . . . . . .       . 118 ⎬ 4.901 habitants.
Population comptée à part. . . . . . . .     » ⎭
```

1. Un siècle auparavant, en 1709, lors du dénombrement des paroisses de la Généralité de Paris, la population de Villemomble ne comprenait que 31 feux. *(Appendice (p. 428) au Mémoire de la Généralité de Paris pour l'instruction du duc de Bourgogne,* publié dans la Collection de documents inédits de l'Histoire de France, par M. de Boislisle.)

La population, *recensée comme présente* le 29 mars 1896, se décompose ainssi :

	ENFANTS ou célibataires	MARIÉS	VEUFS	DIVORCÉS	TOTAL
Hommes..............	1.172	1.020	82	4	2.278
Femmes	1.240	1.052	330	13	2.644
	2.421	2.072	412	17	4.922

La population de Villemomble, au point de vue de la provenance, se décompose ainsi :

10/12e d'habitants venus de divers points de la France;
1/12e d'habitants nés à Villemomble;
1/12e d'Alsaciens et d'étrangers.

Le classement de cette population par nationalité est résumé dans le tableau suivant :

		HOMMES	FEMMES	TOTAL
Français	Nés de parents français.............	2.173	2.504	4.677
	Naturalisés	12	28	40
Étrangers	Anglais....................	5	7	12
	Américains du Sud	3	1	4
	Allemands.....................	6	23	29
	Autrichiens...................	1	1	2
	Belges.......................	38	31	69
	Hollandais.........	»	2	2
	Luxembourgeois...., ...	3	7	10
	Italiens.....................	10	7	17
	Suisses......................	24	30	54
	Russes.....................	2	»	2
	Turcs....................	1	»	1
	Espagnols..................	»	2	2
	Portugais...................	»	1	1
		2.278	2.644	4.922

Les départements de la France qui fournissent à Villemomble le plus fort contingent sont:

Seine (non compris Villemomble)	1.051	habitants
Seine-et-Oise	475	—
Seine-et-Marne.	389	—
Aisne.	128	—
Eure.	120	—
Marne	116	—
Meurthe-et-Moselle.	97	—
Oise	72	—
Nord.	69	—
Loiret	68	—
Yonne	57	—
Ardennes.	56	—

En résumé, la population de Villemomble est ainsi répartie d'après le lieu de naissance :

Français. . . .	4.717	dont. 715	nés dans la commune.
Étrangers . . .	205	dont. . . . . . »	—
Soit un total de. .	4.922	habitants, dont 715	nés dans la commune.

Dans l'année 1897, l'état civil a enregistré:

> 115 naissances;
> 81 décès;
> 36 mariages;
> 1 divorce.

B. — HABITATIONS

Nombre de maisons : 1.039.

Habitations composées d'un rez-de-chaussée.	»
— d'un étage	»
— de deux étages.	1.024
— de trois étages.	15
Total	1.039
dont	875 occupées
et.	164 vacantes.

Nombre de logements : 1.463, occupés par . . . 234 isolés.

et . . . . . 1.229 familles.

22 ateliers.

110 magasins ou boutiques.

C. — DIVERS

Électeurs inscrits en 1898.— 1.158.

Recrutement. — 23 conscrits ont tiré au sort en 1898.

Chevaux. — 153 chevaux, appartenant à 92 propriétaires:

```
Chevaux entiers . . . 27 dont 2 au-dessous de 6 ans et 25 au-dessus
Chevaux hongres.  . 69  —  3          —          66    —
Juments . . . . . . . 57  —  1          —          56    —
                    ———    ——                    ———
    Totaux. . . . . . 153    6          —          147   —
```

Voitures. — 75 voitures, appartenant à 47 propriétaires.

```
        51 à 2 roues, attelées de 1 cheval.
         5 à 2 roues, attelées de 2 chevaux.
        19 à 4 roues, attelées de 1 cheval.
Total.....  75
```

§ III. — FINANCES

A. — CONTRIBUTIONS

Principal des contributions directes en 1898:

```
Contribution foncière. . . . . . . . . . . . .    18.897  »
    —        personnelle et mobilière  .         28.523  »
    —        des portes et fenêtres. . .      .    9.585  »
    —        des patentes. . . . . . .             9.804,43
                           Total. . . . . .   .   66.809,43
```

Perception des contributions. — La commune dépend de la perception de Montreuil-sous-Bois. Le percepteur de cette circonscription se tient à la mairie de Villemomble, les 2e et 4e mardi de chaque mois, de 11 heures à 3 heures.

B. — OCTROI

Il n'y a pas d'octroi dans la commune.

C. — FINANCES COMMUNALES

Recettes ordinaires d'après le compte de 1896.   82.784,35
—   extraordinaires   —   —   35.143,73
                     Total . . . . .   117.928,08[1]

Dépenses ordinaires d'après le compte de 1896.   81.437,86[2]
—   extraordinaires   —   —   20.452,14[2]
                     Total . . . . .   101.890, »[3]

Les dépenses ordinaires se répartissent ainsi entre les principaux services:

    1º Administration et police. 13.993,82
    2º Voirie. 41.808,81
    3º Bienfaisance. 4.673,34
    4º Enseignement 8.141,47
    5º Dépenses diverses. 12.820,42

Emprunts. — La commune a contracté : 1º Avec la Caisse des chemins vicinaux, un emprunt de 12.000 francs pour l'entretien des chemins vicinaux ordinaires, autorisé par décret du 18 mai 1885 et remboursable en 30 années, à partir du 31 janvier 1886.

2º Avec le Crédit foncier de France, un emprunt de 70.795 fr. 11 pour la construction des écoles de garçons, autorisé par arrêté préfectoral du 8 mai 1888 et remboursable en 30 années, à partir du 31 janvier 1889.

3º Avec le même établissement, un emprunt de 34.000 francs pour la construction d'un nouveau cimetière, autorisé par arrêté préfectoral du 7 mars 1891 et remboursable en 27 ans, à partir du 1er janvier 1894.

4º Avec le même établissement, un emprunt de 34.400 francs, pour la construction d'une école de filles, autorisé par arrêté pré-

1. Ces recettes constituent les ressources normales de la commune.

2. Non compris les restes à payer devant figurer au compte administratif de l'année suivante.

3. Ce total représente les dépenses normales de la commune.

fectoral du 11 février 1894 et remboursable en 30 années, à partir du 31 janvier 1895.

Secours. — La commune a reçu, à différentes reprises, depuis 1890, des secours pour l'exécution de travaux importants énumérés ci-après :

Année 1890. — Réparation de la mairie : 5.600 francs.
Année 1892. — Assainissement de la rivière : 5.000 francs.
Année 1893. — Construction d'une école de filles : 21.643 fr. 55.
Année 1893. — Assainissement de la rivière du parc : 5.000 fr.
Année 1894. — Réfection de la façade Nord de la mairie : 6.000 francs.
Année 1894. — Comblement de la rivière du parc et construction d'égout : 25.500 francs.
Année 1894. — Établissement d'un nouveau cimetière : 38.607 fr. 18.
Année 1898. — Construction d'une annexe à l'école des garçons : 18.424 francs.

Valeur du centime en 1897. — 668 fr. 09.

Nombre de centimes. — 95 centimes, dont 20 extraordinaires, non compris les 3 centimes pour frais de perception des impositions communales.

Charges par habitant. — 19 fr. 63.

Receveur municipal. — Le percepteur des contributions de Montreuil-sous-Bois remplit les fonctions de receveur municipal de la commune de Villemomble.

Il reçoit, à cet effet, un traitement de 1.601 fr. 60.

II. — SERVICES PUBLICS

§ I. — BIENFAISANCE

Bureau de bienfaisance. — Cet établissement charitable distribue aux indigents des secours en nature : pain, viande et combustible, et leur fait donner, en cas de maladie, les soins nécessaires.

Un médecin, attaché au Bureau de bienfaisance, reçoit une indemnité annuelle de 100 francs ; une sage-femme touche 100 fr. par an.

54 familles, représentant 89 individus, sont inscrites au Bureau de bienfaisance.

En outre, le Bureau distribue, chaque hiver, des secours à des indigents non inscrits.

D'après la dernière situation financière, les recettes du Bureau se sont élevées à 6.374 fr. 19 et les dépenses à 4.436 fr. 28, d'où un excédent de recettes de 1.937 fr. 91.

Les revenus de l'établissement étant inférieurs à 30.000 francs, c'est le receveur municipal qui est, de droit, trésorier du Bureau; il reçoit, à cet effet, une indemnité annuelle de 315 francs.

Hospice. — Néant.

Hôpital. — Néant.

Traitement des malades dans les hôpitaux de Paris. — Les malades de la commune sont envoyés en traitement dans les hôpitaux de Paris.

Conformément aux délibérations du Conseil général, du 3 avril 1890, et du Conseil municipal, du 25 mai 1890, la commune paye un abonnement basé sur le nombre moyen des journées de traitement des trois années précédentes, à raison d'un franc par jour et par malade.

La somme payée, pour l'année 1896, a été de 927 francs.

Assistance à domicile. — Par délibération en date des 18 décembre 1895 et 26 avril 1896, le Conseil général a fait inscrire au budget départemental une somme annuelle de 50.000 francs, destinée à subvenir à l'assistance à domicile des vieillards indigents, infirmes et incurables. La part contributive du département sera déterminée par l'Administration et devra correspondre au tiers de l'allocation municipale qui, d'ailleurs, est facultative.

Les conditions d'âge sont 65 ans pour les indigents valides; elles ne sont pas applicables aux infirmes et aux incurables.

Il faut, en outre, avoir séjourné depuis 10 ans à Paris ou dans une commune du département.

Depuis cette époque, la commune n'a pris aucune disposition.

Aliénés. — 6 aliénés, ayant à Villemomble leur domicile de secours, ont été placés, en 1897, dans divers asiles et ont donné lieu aux dépenses suivantes :

```
1 à Pont-l'Abbé  365 jours à . . . . . . .  1 fr. 25. . .    456,25
1 à Albi . . . . 365   —    à . . . . . . .  1 fr. 20. . .    438  »
1 à Albi . . . . 365   —    à . . . . . . .  1 fr. 20. . .    438  »
1 à Bégard . . . 365   —    à . . . . . . .  1 fr. 15. . .    419,75
1 à Saint-Venant 365   —    à . . . . . . .  1 fr. 25. . .    456,25
    (Sainte-Anne. 17    —    à . . . . . . .  2 fr. 80. . .     72,80
1 à {
    (Ville-Évrard. 46   —    à . . . . . . .  2 fr. 10. . .     96,60
                                              Total. . . . . . . 2.377,65
```

dont il faut retrancher 30 francs, recouvrés sur une famille, soit 2.347 fr. 65.

Villemomble contribue pour 35 °/₀ dans la dépense des aliénés qui sont à sa charge, ce qui donne, pour l'année 1897 :

$$\frac{2.347,65 \times 35}{100} = 821,68$$

Enfants assistés. — L'hospice des Enfants assistés par le département de la Seine est situé à Paris, rue Denfert-Rochereau, n⁰ˢ 72 et 74. La part afférente à la commune, pour 1896, a été de 2.047 fr. 59.

Enfants moralement abandonnés. — Le contingent à fournir par la commune, dans la répartition des dépenses, se confond avec celui des Enfants assistés.

Protection des enfants du 1er âge. — En 1897, les déclarations faites par les parents, conformément à l'article 7 de la loi du 23 décembre 1874, se résument ainsi qu'il suit :

	AU SEIN	AU BIBERON	TOTAL
Nombre d'enfants de Villemomble mis en nourrice dans le département de la Seine (hors Paris)	1	2	3
Nombre d'enfants mis en nourrice hors du département de la Seine.	10	8	18
	11	10	21

Les déclarations d'élevage faites par les nourrices de la localité ont été de 15 enfants, tous nés dans le département de la Seine.

Crèche. — Néant.

Dispensaire. — Le médecin du Bureau de bienfaisance donne, chez lui, des consultations gratuites et soigne également à domicile les indigents et les nécessiteux.

Fourneau économique. — Néant.

Secours aux familles des réservistes. — Un crédit de 585 fr. 44 est inscrit au budget de 1898 pour être distribué aux familles nécessiteuses des soldats de la réserve et de l'armée territoriale.

Propagation de la vaccine. — Le service de vaccination fonctionne 4 fois par an, le premier jeudi de chaque trimestre.

Il y a eu, en 1897, 68 vaccinations et revaccinations.

Caisse des écoles. — Conformément aux dispositions de l'article 15 de la loi du 10 avril 1867, une caisse des écoles a été créée en 1883.

Situation au dernier exercice (1897) :

Recettes

Cotisations volontaires . . . . 601 »
Rentes sur l'État ou autres. 350,24
Dons, quêtes, produits des troncs. 149,75
Intérêts de fonds placés au Trésor 60,47
Subvention départementale. . . . . 250 »
Produit de la tombola 1.127,95

Total. . . . 2.539,41
A ajouter les excédents des exercices antérieurs . . 2.822 »

Total des recettes. 5.361.41

Dépenses

Distribution de vêtements, chaussures, fournitures
scolaires, récompenses, etc. 2.415,68

Excédent. 2.945,73

§ II. — ENSEIGNEMENT

École des garçons. — Le groupe scolaire, situé avenue des Écoles, comprend quatre classes pour les garçons ; il y a 4 instituteurs, dont un directeur, pour 250 élèves.

École des filles. — Une directrice et deux adjointes sont chargées des 3 classes de filles, qui comptent ensemble 135 élèves.

École maternelle. — 66 garçons et 83 filles reçoivent les soins d'une directrice et d'une adjointe.

Enseignement du chant, du dessin et de la gymnastique. — La commune donne annuellement une subvention de 500 francs pour l'enseignement du chant et une autre de 300 francs pour l'enseignement du dessin.

L'enseignement de la gymnastique est donné par les instituteurs.

Admission dans les écoles primaires supérieures et professionnelles de la Ville de Paris. — 6 élèves des écoles de Villemomble ont été admis dans les écoles primaires supérieures et professionnelles de la Ville de Paris, pour l'année scolaire 1897-1898.

Dons et legs faits aux écoles. — Néant.

Bibliothèque scolaire. — Une bibliothèque scolaire est installée dans chaque école.

Celle des garçons est composée de 283 volumes ; celle des filles de 186.

Des prêts sont faits aux enfants des écoles et à leurs familles.

Association philotechnique.— L'Association donne des cours de solfège, de violon et de violoncelle dans une salle de la mairie.

§ III. — VOIRIE

La longueur des voies de communication qui sillonnent le territoire de la commune est de :

2 routes départementales.	3.622 m. »
8 chemins vicinaux ordinaires	7.366 m. 40
14 chemins ruraux	5.000 m. »
Voirie urbaine.	17.378 m. »
Total	33.366 m. 40

Routes départementales. — La route départementale *n° 15, de Paris à la gare du Raincy*, a la chaussée empierrée, depuis la limite de la commune jusqu'à la route départementale n° 19 ; cet empierrement est compris entre 2 caniveaux de 0m50 ; les trottoirs sont plantés et ont une largeur de 3m50.

Le profil transversal reste le même, au delà de la route départementale n° 19, sur 127 mètres de longueur, si ce n'est que la largeur des trottoirs atteint 4 mètres.

Sur les 433 mètres qui s'étendent jusqu'au coude correspondant l'or ig ine de l'avenue du Raincy, la chaussée est pavée ; les trottoirs, non plantés, ont chacun 2 mètres.

Enfin, sur le parcours de l'avenue du Raincy, la chaussée comprend, sur une longueur de 310m50, un empierrement limité par des caniveaux de 0m70 de largeur, puis, sur 315 mètres, un tronçon pavé. Les trottoirs sont plantés ; ils ont 4m50 de largeur chacun.

Le parcours total sur Villemomble est de 1.685 mètres.

La route départementale *n° 19, de Paris* (porte de Montreuil) *à Gagny*, traverse la commune sur une longueur de 1.937 mètres ; la route est pavée et en bon état. Pour assurer l'assainissement de la traverse de Villemomble, il a été dressé un projet d'égout partant de l'avenue du Raincy et aboutissant à l'égout communal situé boulevard Papin. Le montant de ce projet, qui a une longueur de 1.180 mètres, s'élève à la somme de 75.000 francs. Il a été demandé à la commune de Villemomble, qui a consenti, un contingent de

15.000 francs pour sa participation dans les dépenses. Il conviendra toutefois de subordonner l'exécution de cet égout à une entente préalable entre la commune de Villemomble et les communes du Raincy et de Gagny (Seine-et-Oise); ces communes devront, en effet, avec le concours, s'il y a lieu, des deux départements, assurer tout d'abord le prolongement de l'égout dit de Villemomble, jusqu'au ru de Sainte-Baudille, soit une longueur minima de 1.200 mètres environ; le point terminus de ce dernier égout est en Seine-et-Oise.

Chemins vicinaux ordinaires. — Le tableau ci-dessous donne la situation des chemins vicinaux ordinaires situés sur le territoire de la commune.

NUMÉROS	DÉSIGNATION DES CHEMINS	LONGUEUR	ORIGINE	FIN	LARGEUR moyenne		CHAUSSÉE		OBSERVATIONS
					TOTALE	CHAUSSÉE	NATURE	ÉTAT	
		mètres			mét.	mét.			
1	DE BONDY........	1.375	Chemin vicinal ordinaire n° 3	Territoire de Bondy	12ᵐ	6	Empierrée.	bon	Trottoirs avec caniveaux de 0,50 de larg.
2	DE NEUILLY.....	1.610	Route départ. n° 19	Territoire de Neuilly-sur-Marne	10	6	id.	id.	id.
3	DU BOIS-CHATEL.	585	id.	Territoire de Rosny	10	6	id.	id.	id.
4	ALLÉE DE LA TOUR	494	Chemin des Coquetiers	id.	12	6	id.	id.	id.
5	AVENUE OUTRE-BON..........	600	Route départ. n° 19	Route départ. n° 16	10-12	6	Empierrée, caniveaux.	id.	id.
6	DU CHEMIN DE FER ET DES LIMITES	1.031	Route départ. n° 16.	Limite de la commune	8	5	Empierrée.	Assez bon	Égout, id.
7	AVENUE DE LA RÉPUBLIQUE.....	819,40	Chemin vicinal ordinaire n° 15.	Route départ. n° 19	10	6	id.	Pass.	Trottoirs avec caniveaux de 0,50 de larg.
8	D'AVRON........	852	Route départ. n° 19.	Territoire de Rosny	8	5	id.	Assez bon	Trottoirs avec caniveaux variant entre 0,30 et 0,50 264 mètres mitoyens avec Rosny.
	TOTAL....	7.366,40							

En déduisant les parties mitoyennes au compte des communes voisines, la longueur totale à entretenir par la commune de Villemomble est de 6.854^{m}40.

Les dépenses relatives à l'entretien se sont élevées, en 1896, à 11.750 fr. 22. (Le département a alloué une subvention de 3.050 fr.)

Travaux neufs sur chemins vicinaux ordinaires : Travaux faits dans l'année et dépenses correspondantes. Néant. Projets en préparation. Néant.

Chemins ruraux. — Les chemins ruraux sont au nombre de 14; leur étendue est de 5 kilomètres.

Route militaire. — Néant.

Voirie urbaine. — Les rues de la commune sont au nombre de 45; leur étendue est de 17 kil. 378 mètres.

Voirie urbaine : Travaux faits dans l'année et dépenses correspondantes. Néant. Projets en préparation. Néant.

Prestations. — Par suite de l'insuffisance des ressources ordinaires de la commune applicables à l'entretien des chemins vicinaux, le Conseil municipal vote, chaque année, 3 journées de prestations dont la valeur en argent est appréciée par le Conseil d'arrondissement et le Conseil général.

Le rôle de l'année 1898 comporte 863 articles imposés se décomposant ainsi :

1.123 journées d'homme à 2 francs	2.246 »
131 — de voiture à 2 fr. 25	294,75
135 — de cheval à 2 fr. 25.	303,75

Sur ce nombre de journées, sont faites en nature :

2 journées d'homme ;
2 journées de voiture ;
2 journées de cheval.

Il y a lieu de remarquer que ce total se trouve réduit par suite de décharges, cotes indues et non-valeurs.

De plus, Villemomble étant une des communes qui votent chaque année 5 centimes ordinaires, plus 3 journées de prestations, a reçu, pour 1897, du département, une subvention de 3.050 francs pour l'entretien de ses chemins vicinaux.

Entretien des rues et des chemins ruraux. — L'entretien a été consenti à un entrepreneur, pour une période de bail de 6 années.

Balayage. — Le balayage est exécuté par les cantonniers.

Droits de voirie. — Voir aux Annexes. (Les droits de voirie ont rapporté, en 1897, 2.483 fr. 85.)

Ponts. — Néant.

Rus. — Il a été fait mention, à l'article « Hydrographie », du seul ru qui se trouve sur le territoire de la commune.

Le curage est fait, selon l'usage, par les soins de l'administration et aux frais des riverains, chacun au droit de soi, en l'absence de règlements généraux et par application du décret du 14 floréal an XI sur les canaux et rivières non navigables.

Port. — Néant.

Égouts. — Il y a un projet d'égout départemental à l'étude. Les égouts communaux comprennent un kilomètre en bon état.

Enlèvement des boues. — L'enlèvement des boues, neiges et glaces est consenti à un entrepreneur pour une durée de 3 années.

Distance de Paris. — La distance de Paris (parvis Notre-Dame) à Villemomble est de 13 kilomètres, en suivant la route départementale n° 19.

Distance du chef-lieu de canton. — Villemomble est à 4 kil. 500 mètres de Noisy-le-Sec.

Rosny est à 2 kil. 400 mètres.
Bondy est à 5 kil. 200 mètres.
Romainville est à 6 kil. 300 mètres.
Bobigny est à 6 kil. 700 mètres.
Drancy est à 9 kilomètres.
Le Bourget est à 11 kil. 900 mètres.

Moyens de transport. — Villemomble est desservi par le chemin de fer de l'Est.

Chemin de fer de l'Est. — Ligne de Paris à Avricourt par Meaux et Château-Thierry; station du Raincy-Villemomble-Monfermeil.

Trente trains par semaine et trente-sept le dimanche s'arrêtent à Villemomble, venant de Paris.

Vingt-neuf trains par semaine et trente-neuf le dimanche s'arrêtent à Villemomble, se dirigeant sur Paris, entre 5 h. 10 du matin et 1 h. 7 de la nuit.

La durée du trajet entre Paris et Villemomble est, en moyenne, de 30 minutes. La distance est de 15 kilomètres.

	BILLETS SIMPLES			BILLETS D'ALLER ET RETOUR		
	1re CL.	2e CL.	3e CL.	1re CL.	2e CL.	3e CL.
Prix du trajet entre Paris et Villemomble..	1 fr. 45	1 fr.	0 fr. 65	2 fr. 20	1 fr. 55	1 fr. 05

Prix des cartes d'abonnement :

POUR TROIS MOIS			POUR SIX MOIS			POUR UN AN		
1re CL.	2e CL.	3e CL.	1re CL.	2e CL.	3e CL.	1re CL.	2e CL.	3e CL.
144 fr.	108 fr.	72 fr.	192 fr.	144 fr.	96 fr.	288 fr.	216 fr.	144 fr.

La commune de Villemomble est en outre desservie par une ligne d'intérêt local (ligne de Paris-Nord à Paris-Est par Gargan, avec embranchement à Bondy). Les haltes sur Villemomble sont celles du *Pont des Coquetiers,* de l'*avenue Magne,* de l'*allée de la Tour* et de l'*allée du Rendez-Vous.*

Dix-huit trains montants, dont cinq ouvriers, et dix-neuf trains descendants, dont trois ouvriers, desservent Villemomble entre 5 h. 25 du matin et 10 h. 55 du soir dans le sens de Paris à Gargan, et entre 5 h. 13 du matin et 11 h. 12 du soir, dans le sens de Gargan à Paris.

La durée du trajet est de 30 minutes.

	BILLETS SIMPLES			BILLETS D'ALLER ET RETOUR		
	1re CL.	2e CL.	3e CL.	1re CL.	2e CL.	3e CL.
Prix du trajet entre Paris et Villemomble (par Gargan)............	1 fr. 45	1 fr.	0 fr. 65	2 fr, 20	1 fr. 55	1 fr. 05

Billets d'ouvriers. — La ligne de Paris-Nord à Paris-Est par Gargan met des billets, au prix réduit de 1 fr. 3o par semaine, aller et retour, entre Villemomble et Paris, à la disposition des ouvriers, dans les conditions habituelles.

Omnibus. — Néant. (Trois lignes de tramways à traction mécanique sont votées par le Conseil général et seront mises en exploitation pour 1900.)

Eaux. — La commune de Villemomble est alimentée par la Compagnie générale des Eaux, dont le siège social est à Paris, rue d'Anjou, n° 52, en vertu d'un traité en date du 2 juin 1874, approuvé par arrêté préfectoral du 16 janvier 1875, pour une durée de soixante-quinze années, prenant fin le 15 janvier 1950.

L'alimentation comprend 21 bornes-fontaines, 6 bouches d'eau et 6 bouches à incendie.

L'eau est fournie aux particuliers aux prix fixés par le tarif suivant :

15o litres par 24 heures.	25 francs par an	
25o —	—	40 — —
5oo —	—	75 — —
1.000 —	—	12o — —
1.5oo —	—	17o — —

Et pour toute quantité supérieure à 1.5oo litres, l'excédent sera payé à raison de 8o francs les 1.000 litres ou le mètre cube.

Il ne sera pas accordé d'abonnement pour des quantités inférieures à 15o litres.

Au delà de 1.000 litres, il ne sera pas fait de concession pour des quantités inférieures à 5oo litres.

Pour les besoins communaux, le tarif ci-dessus est réduit de 5o %, c'est-à-dire que la commune paye 6o francs par an le mètre cube quotidien.

Après vingt années d'exploitation, la Compagnie fournira journellement à la commune et ce, gratuitement, la quantité d'eau initialement souscrite. A l'expiration des 20 premières années, toute l'eau dont la commune pourra avoir besoin, en sus de celle livrée gratuitement, sera payée au prix du tarif réduit de 75 %, soit 3o fr. le mètre cube.

Il n'est pas fait d'abonnement d'une durée inférieure à 5 années.

Éclairage. — La commune a passé le 8 février 1879 avec la

Compagnie d'éclairage et de chauffage par le gaz, dont le siège social est à Paris, 42, rue de Provence, un traité, approuvé par arrêté préfectoral du 20 janvier 1880, pour la fourniture, pendant une durée de 50 années, expirant le 19 janvier 1929, du gaz nécessaire à l'éclairage des voies et des bâtiments communaux.

Le prix du mètre cube est de o fr. 25 pour la commune et de o fr. 35 pour les particuliers.

Il y a 167 appareils.

§ IV. — JUSTICE ET POLICE

Justice de paix. — La commune de Villemomble dépend de la Justice de paix de Pantin.

Les audiences de conciliation ont lieu le mardi, et les audiences publiques, le vendredi, de 1 heure à 6 heures.

Officiers ministériels. — Il n'y a pas d'officiers ministériels dans la commune.

Commissariat de police. — Villemomble relève du Commissariat de police des Lilas.

Deux agents de ce Commissariat sont attachés à la commune. Un bureau de police est installé à la mairie.

Gendarmerie. — La commune dépend de la gendarmerie de Rosny-sous-Bois. Elle se compose d'un maréchal des logis et de quatre gendarmes qui viennent chaque jour faire des tournées dans la commune.

Gardes champêtres. — Il y a deux gardes champêtres dans la commune.

Messiers. — Néant.

§ V. — CULTES

Paroisse. — La paroisse de Villemomble constitue une succursale dont le titulaire reçoit un traitement de 900 francs par an.

Budget de la fabrique. — Les recettes de la fabrique s'élèvent à 8.000 francs par an environ.

Fondations. — Fondation Blanchin: Rente de 21 francs (autorisation du 31 octobre 1873).

Fondation Plique: Rente de 10 francs (autorisation du 12 octobre 1894).

Fondation Detouche: Rente de 60 francs (autorisation du du 31 décembre 1895).

Congrégations. — Les sœurs de Sainte-Chrétienne, au nombre de huit religieuses, sont à la tête d'une école de filles.

Les sœurs de Marie-Joseph, au nombre de neuf religieuses, dirigent l'œuvre du Souvenir.

§ VI. — SERVICES DIVERS

Poste, télégraphe, téléphone. — Le bureau de poste et télégraphe est situé avenue du Raincy, n° 15 *bis*, au centre du pays.

Il est ouvert, tous les jours, de 7 heures du matin à 9 heures du soir.

Le service est fait par trois employées, une receveuse et deux aides (une en hiver), trois facteurs et deux porteurs de dépêches (un en hiver).

Il est fait trois distributions par jour.

Indépendamment de la boîte aux lettres qui se trouve dans le bureau de poste, il y a dans la commune sept boîtes supplémentaires de quartier placées : 43, rue Saint-Louis — 13, allée de la Tour — 65, boulevard de Villemomble — 22, avenue Marie — 98, Grande-Rue — 35, Grande-Rue — 10, avenue Outrebon.

Une cabine téléphonique publique est installée au bureau de poste.

Caisse nationale d'épargne (postale). — 65 livrets ont été délivrés en 1897, pour une somme de 9.617 francs.

Sapeurs-pompiers. — La compagnie des sapeurs-pompiers de Villemomble comprend 1 sous-lieutenant, 2 sergents, 2 caporaux, et 20 hommes.

Les pompiers sont exonérés de prestations ; une somme de 100 francs est inscrite au budget pour la solde des tambours et clairons.

La commune a voté en 1896 :

Solde des tambours et clairons.	100 »
Assurances ou secours et pensions en faveur des sapeurs-pompiers blessés, de leurs veuves ou de leurs enfants.	100
Habillement et équipement	150 »
Rachat de la prestation individuelle des pompiers . .	78 »
Entretien des pompes et accessoires	55,36

Le matériel de secours se compose de deux pompes et d'un appareil à feu de cave qui sont remisés à l'ancienne mairie.

Marché. — Un marché aux comestibles se tient, sous fermes en fer, entre l'avenue Outrebon et l'avenue du Raincy, les mardis, jeudis, dimanches et veilles de fêtes, de 8 heures du matin à 4 heures du soir.

La concession en est faite, moyennant 550 francs par an, pour une durée de 30 ans ; au bout de vingt années, la redevance sera portée à 1.000 francs.

Le nombre moyen des marchands est de 30.

La quantité des marchandises vendues annuellement est de :

Volailles et gibiers	3.000 kilos
Poissons	1.200 —
Viandes	10.000 —
Beurres, œufs et fromages	5.000 —
Fruits et légumes.	16.000 —
Mercerie, bonneterie, chaussures et articles de ménages	18.000 —

Pompes funèbres. — La commune a traité avec l'entreprise des Pompes funèbres générales, dont le siège est à Paris, 66, boulevard Richard-Lenoir.

Les règlements de comptes se font à la mairie.

Il y a 8 classes d'adultes et 5 classes d'enfants.

Bureaux de tabac. — La commune possède deux bureaux de tabac, l'un au rond-point du chemin de fer, l'autre à la place de la Mairie.

Bibliothèque municipale publique. — Néant.

Archives de la commune. — Les archives de la commune se composent :

Des registres paroissiaux, de 1777 à 1800 ;

Des registres de l'état civil, depuis 1792 ;

Des registres des délibérations, depuis l'an VIII,
Et de divers dossiers, tous modernes.
Tous les registres sont reliés et en bon état.

§ VII. — PERSONNEL COMMUNAL

NOMBRE	EMPLOI	TRAITEMENT
1	Médecin de l'état civil et du bureau de bienfaisance......	5oo francs
1	Secrétaire de la mairie	2.800 —
2	Employés (1.2oo et 6oo)...............................	1.8oo —
1	Receveur municipal (emploi occupé par le percepteur de Montreuil)..	1.6o1 6o
1	Architecte..	5 °/° sur
1	Agent voyer..	les travaux
2	Gardes champêtres (chaque)............	1.2oo fr. } et le
2	Concierges des écoles (chaque)	25o — { logem.
1	Femme de service à l'école maternelle..................	6oo francs

III. RENSEIGNEMENTS DIVERS

Fêtes locales et foires. — La fête communale a lieu du dernier dimanche d'août au premier dimanche de septembre.

Le 15 mai a lieu la fête de printemps.

Elles se tiennent sur la place de la Mairie et sur la place de la République.

Courses de chevaux. — Néant.

Principales industries. — Villemomble étant un pays de villégiature ne possède ni industrie, ni usines, ni fabriques.

Commerce et productions du pays. — Comme on le verra ci-après, le sol est presque entièrement occupé par des jardins de plaisance qui occupent 263 hectares sur 328 de superficie agricole totale.

Le tableau suivant donne un aperçu des principaux genres de culture.

TERRI-TOIRE			CULTURES LABOURABLES					CULTURES FOURRAGÈRES				CULTURES insdustrielles	ARBORICULTURE	HORTICULTURE		VITICULTURE	SUPERFICIE NON CULTIVÉE
Superficie totale	Agricole	Non agricole	Froment	Seigle	Avoine	Pommes de terre	Diverses	Betteraves	Diverses	Luzerne	Foin	Pommes de terre pour féculeries		de rapport	de plaisance		
375	328	47	1	»	3	20	24	»	4	7	»	»	3	»	263	3	»
			48					11				»	3	263		3	»
			328 hectares														

Rendement moyen par hectare ensemencé :

Froment.	20 hectolitres
Avoine	20 —
Pommes de terre	100 quintaux
Betteraves.	» —
Vignes.	45 hectolitres

Écoles libres. — Deux institutions de garçons, deux pensionnats de filles donnant un total de 250 enfants.

Établissements privés de bienfaisance. — L'œuvre du Souvenir, orphelinat fondé par Mme Teutsch, compte 90 orphelines sous la direction de neuf sœurs.

Sociétés diverses. — Une société de tir, « le Rigodon », compte 60 membres ; la fanfare de Villemomble se compose de 35 exécutants ; la Société d'horticulture possède 200 membres.

Médecins, pharmaciens, vétérinaires, sages-femmes. — Trois médecins, deux pharmaciens, un vétérinaire, deux sages-femmes.

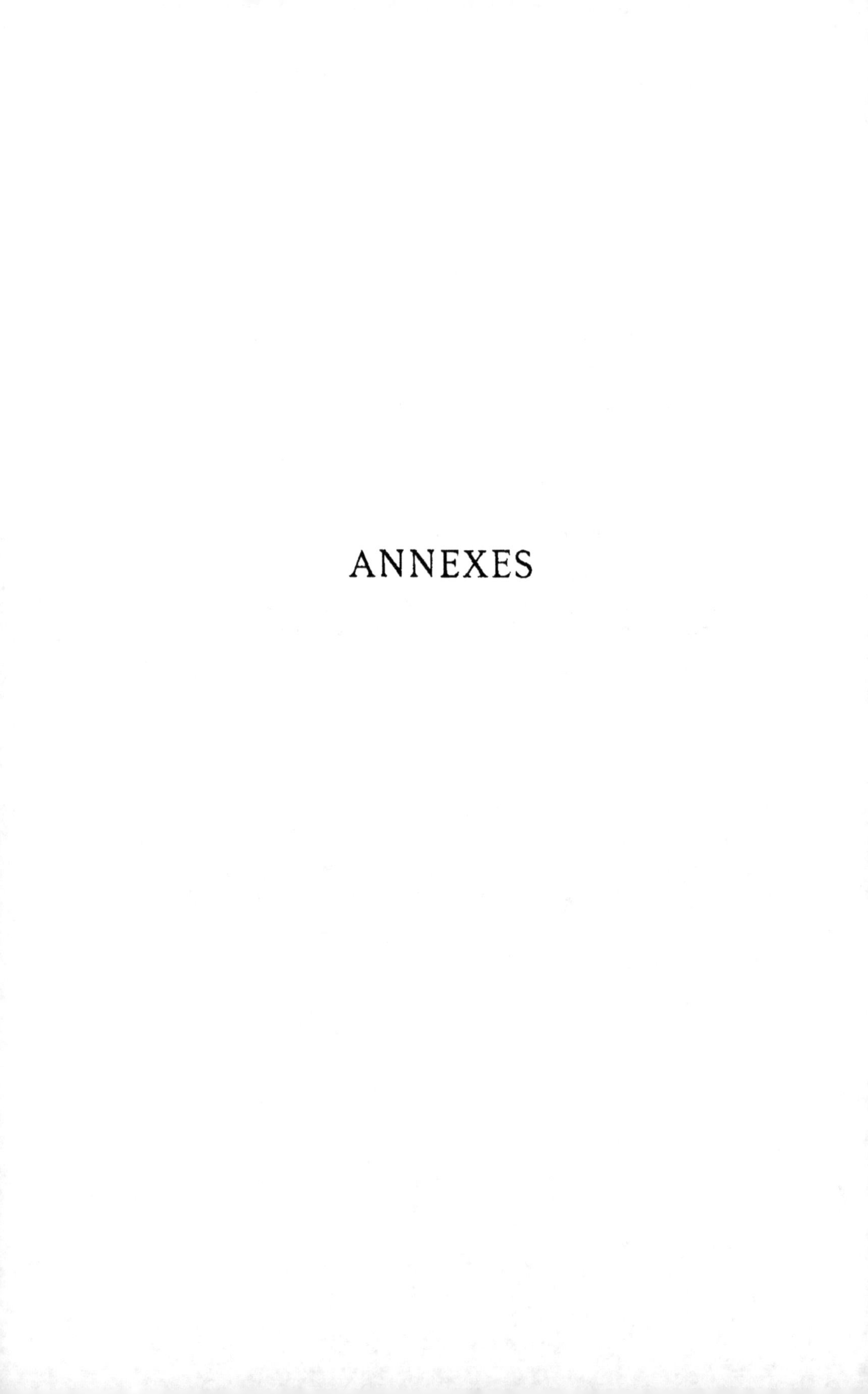

ANNEXES

CONSEIL MUNICIPAL (1898)

(Effectif légal : 23 membres)

MM. RODET, Louis-Gustave, maire.

SAGE, Paul-Romain, adjoint.

PAILLERET, Léon, —

HUIN, Jules-Nicolas, Conseiller.

SOURDAT, Louis. —

JOUBERT, Louis-Simon, conseiller.

PLANTÉ, Marc-Lucien, conseiller.

DUHAMEL, Félix-Adrien, conseiller.

QUACCIO, Félix-Jean, conseiller.

HÉBERT, Théodule-Prosper, conseiller.

STASSART, Ernest-Hippolyte, conseiller.

ÉNIS, Nicolas-Auguste, conseiller.

MM. POINET, Émile-Paul-Maxime, conseiller.

PRUVOST, Henri-Adrien-Léon, conseiller.

TIRION, Eugène, conseiller.

REYNARD, François, conseiller

DEQUATRE, Auguste, conseiller.

HARLEUX, Alphonse-Joseph, conseiller.

GRILLET, Émile-Jean, conseiller.

GOINCE, Jules, conseiller.

VILLEMIN, Victor-François, conseiller.

X. . .   . . . conseiller,

X. . . . .   conseiller.

TARIF DES CONCESSIONS

DANS

LE CIMETIÈRE

(Délibération du 17 novembre 1894, approuvée le 4 mai 1895.)

Des concessions perpétuelles, trentenaires ou temporaires de dix ans, sont délivrées aux prix fixés par le tarif suivant :

CONCESSIONS PERPÉTUELLES

Chaque terrain de 2 mètres sur 1 mètre. . . .	350 fr.	»
Chaque mètre en plus.	350 fr.	»

CONCESSIONS TRENTENAIRES

Chaque terrain de 2 mètres sur 1 mètre. . .	100 fr.	»
Chaque mètre en plus.	100 fr.	»

CONCESSIONS TEMPORAIRES DE DIX ANS
(non renouvelables sur place)

Chaque terrain de 2 mètres sur 1 mètre. . . .	24 fr.	»
Sépultures d'enfant : 1 mètre superficiel . .	15 fr.	»

DROITS DE SÉJOUR DANS LE CAVEAU PROVISOIRE
(non communaux)

Par jour	0 fr. 50

TARIF DES DROITS DE VOIRIE

(Établis par délibération du 9 février 1873, approuvée le 19 juin 1873.)

---

§ I. CONSTRUCTIONS NEUVES

Alignements d'un bâtiment en maçonnerie : du rez-de-chaussée, par mètre de façade	3 fr. »
Alignement de chaque étage au-dessus, par mètre de façade.	o fr. 5o
Alignement d'un mur de clôture, par mètre de façade	o fr. 5o
Alignement de clôture en planches, par mètre de façade	o fr. 20
Alignement de haies vives, sèches ou fossés, par mètre de façade	o fr. 15
Exhaussement d'un étage, par mètre courant. . . .	o fr. 5o
Conversion d'un mur de clôture en bâtiment ou appentis, le mètre courant	2 fr. 25
Exhaussement d'un mur de clôture, le mètre superficiel	o fr. 20
Revêtement en dalle, brique ou rocaille, le mètre courant.	o fr. 5o

Saillies fixes ou mobiles

Grand balcon, droit fixe .	3 fr. »
Perron, droit fixe	2 fr. »

Colonnes ou pilastres, droit fixe. .   .   3 fr.   »
Marquise, droit fixe . . . .   10 fr.   »
Tuyau de descente ou d'évier, droit fixe. .   1 fr.   »
Décrottoirs, droit fixe . . . .   1 fr.   »
Poulie ou moulinet, droit fixe. . . . .   3 fr.   »
Devanture de boutique, compris parpaing et auvent,
   droit fixe . . . .   2 fr.   »
Croisées, persiennes ou grille en saillie, droit fixe. .   1 fr.   »
Tableau, enseigne, écusson, affiche encadrée par des
   moulures en relief, droit fixe . . . .   3 fr.   »
Auvent en bois ou en métal, le mètre courant.   o fr. 5o
Banne, le mètre courant . . . .   1 fr.   »

Pour le remplacement des objets en saillie, il ne sera perçu que demi-droit.

§ II. TRAVAUX DE RÉPARATION OU DE RECONSTRUCTION

Ouverture ou fermeture d'une croisée, soupirail,
   œil-de-bœuf, droit fixe . . . .   2 fr.   »
Ouverture ou fermeture d'une porte bâtarde, droit fixe.   3 fr.   »
Ouverture ou fermeture d'une porte cochère, droit
   fixe.   5 fr.   »
Ouverture ou fermeture d'une baie de boutique, le
   mètre courant. . . . .   o fr. 5o
Reconstruction partielle d'un mur de face, par étage
   et par mètre courant. . . . .   o fr. 5o
Reconstruction partielle d'une clôture, le mètre cou-
   rant . . . .   o fr. 5o
Ravalement d'un bâtiment, par étage et par mètre   o fr. 20
Ravalement d'un mur de clôture, le mètre courant .   o fr. 15
Réfection d'un chaperon, le mètre courant. . .   o fr. 10
Pose ou remplacement d'un poitrail, droit fixe   3 fr.   »
Pose ou remplacement d'un linteau, droit fixe . . .   1 fr.   »
Pose ou remplacement de colonnes de fer, pile ou
   jambe étrière, droit fixe. . . . .   3 fr.   »
Revêtement de soubassement, le mètre courant.   o fr. 5o

§ III. DROITS DIVERS

Échafaudage ou barrière après 24 heures de pose, le
   mètre courant. . . . .   o fr. 5o
Dépôts de matériaux, le mètre superficiel. . . . . .   o fr. 5o

On ne taxera pas moins d'un mètre, et on ne comptera pas moins d'un mois.

TABLE

RENSEIGNEMENTS ADMINISTRATIFS

I. TOPOGRAPHIE, DÉMOGRAPHIE ET FINANCES

§ I. *Territoire et domaine*

§ II. *Démographie*

COMPOSÉ, IMPRIMÉ ET BROCHÉ
PAR LES PUPILLES DU DÉPARTEMENT DE LA SEINE
ÉLÈVES DE L'ÉCOLE D'ALEMBERT
A MONTÉVRAIN

COMPARAISON

DE LA

POPULATION

ET DES

RECETTES ORDINAIRES

Relevées aux époques de Recensement

(1801 à 1896)

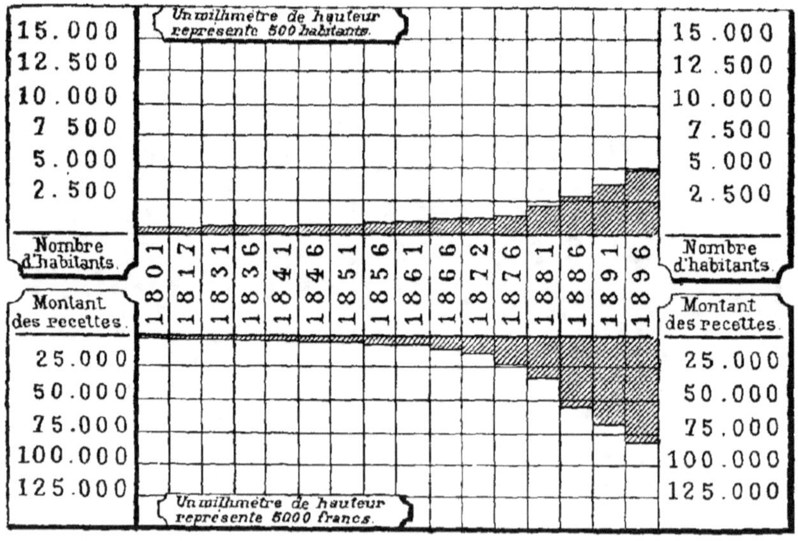

EN DÉPOT

A LA PRÉFECTURE DE LA SEINE

DIRECTION DES AFFAIRES DÉPARTEMENTALES

BUREAU DES COMMUNES

(Annexe Est de l'Hôtel de Ville)

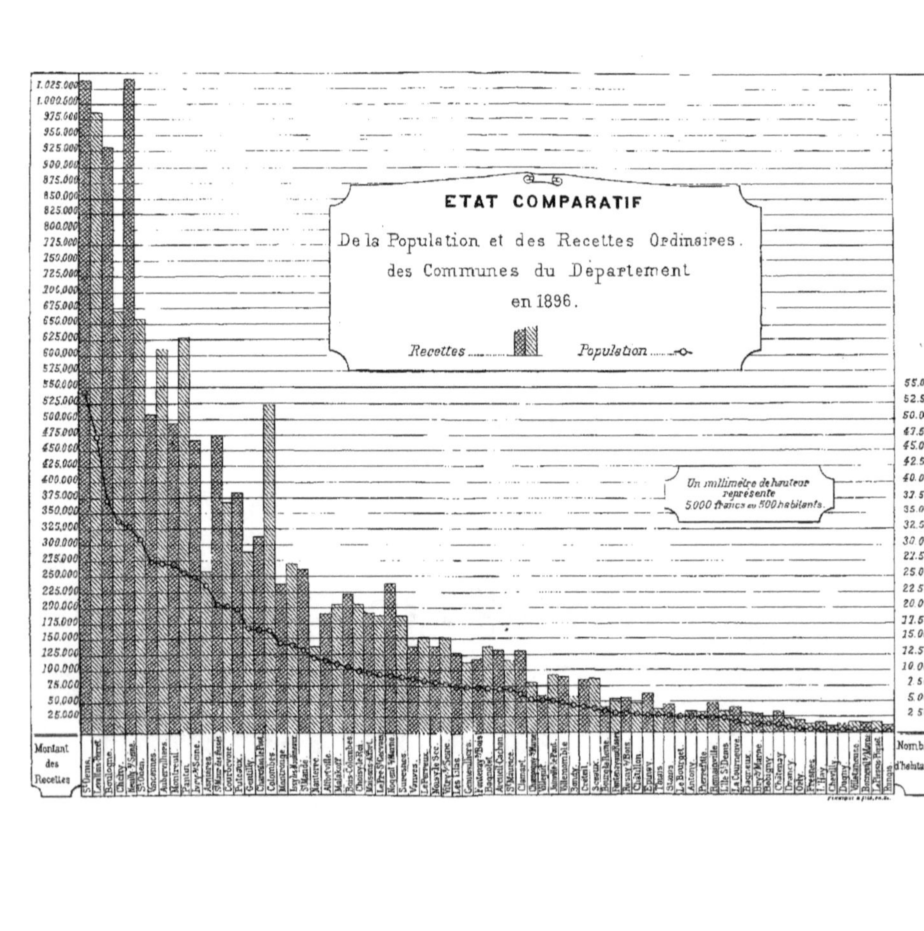
ETAT COMPARATIF
De la Population et des Recettes Ordinaires.
des Communes du Département
en 1896.
Recettes
Population
Un millimètre de hauteur
représente
5.000 francs ou 500 habitants.
Montant
des
Recettes
Nombre
d'habitants
1.025.000
1.000.000
975.000
950.000
925.000
900.000
875.000
850.000
825.000
800.000
775.000
750.000
725.000
700.000
675.000
650.000
625.000
600.000
575.000
550.000
525.000
500.000
475.000
450.000
425.000
400.000
375.000
350.000
325.000
300.000
275.000
250.000
225.000
200.000
175.000
150.000
125.000
100.000
75.000
50.000
25.000
55.000
52.500
50.000
47.500
45.000
42.500
40.000
37.500
35.000
32.500
30.000
27.500
25.000
22.500
20.000
17.500
15.000
12.500
10.000
7.500
5.000
2.500

VILLEMOMBLE

Limites actuelles de la Commune reportées sur la Carte dite des Chasses _ (1764-1773).

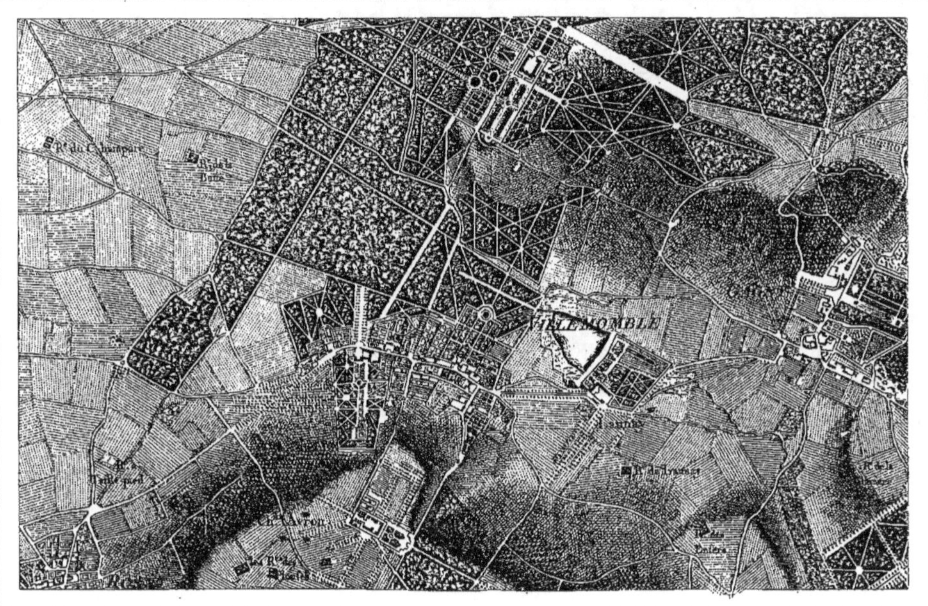

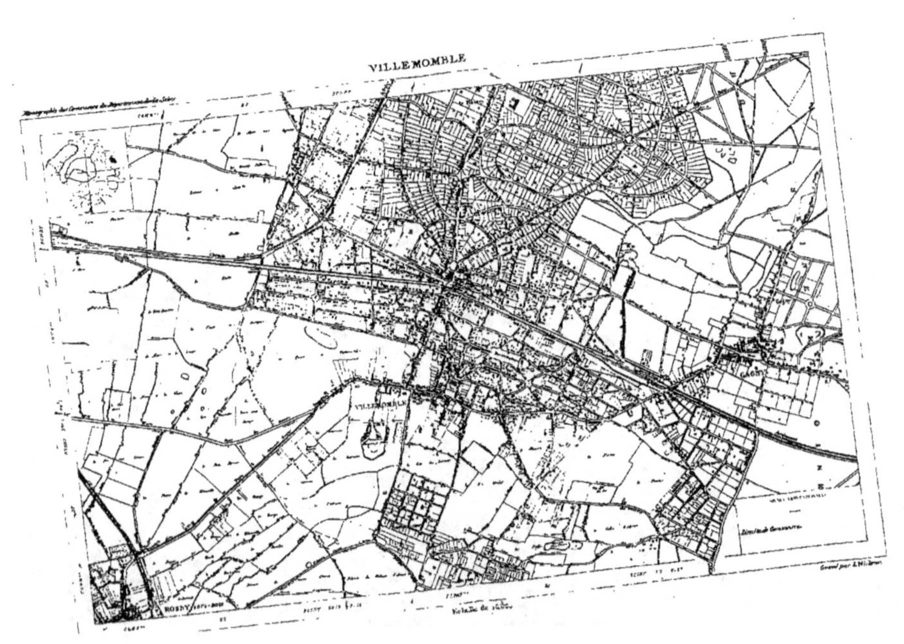

VILLEMOMBLE